Scrittori italiani

Andrea De Carlo

NEL MOMENTO

Romanzo

MONDADORI

Dello stesso autore

Nella collezione Scrittori italiani
Di noi tre

Nella collezione Oscar
Due di due
Di noi tre

Nella collezione I Miti
Treno di panna
Uccelli da gabbia e da voliera
Di noi tre

Il nostro indirizzo Internet è:
http://www.mondadori.com/libri

ISBN 88-04-46975-7

© *1999 Arnoldo Mondadori Editore S.p.A., Milano*
I edizione ottobre 1999
V edizione novembre 1999

Nel momento

Uno

La mattina del cinque marzo sono uscito da solo e di umore sospeso perché il tempo era brutto e perché avevo una strana curva nei pensieri, e il cavallo mi ha preso la mano. Non era uno dei miei: un purosangue inglese scartato alle corse di nome Duane, mille volte più instabile dei meticci tozzi di campagna con cui mi ero messo in testa di ritrovare la naturalezza equina perduta. Aveva un muso tutto narici dilatate e occhi bianchi pazzi allontanato da un collo stretto e lungo, un corpo levrettato di ossa sottili e muscoli a fior di pelle e nervi tirati come corde di chitarra elettrica; potevo sentire attraverso le gambe e il bacino e le braccia la paura e il bisogno frustrato di movimento che gli passavano dentro come una corrente, lo facevano fremere e recalcitrare ogni pochi passi. Mi tornava il suono delle parole che io e Anna ci eravamo ribattuti a proposito dell'occuparci di cavalli e di proprietari di cavalli così diversi dalle nostre intenzioni originarie: il modo istantaneo in cui eravamo scomparsi nei nostri ruoli acquisiti, l'uomo non-realistico e la donna con i piedi per terra che si fronteggiano dietro barricate di ragioni. C'era un vento cattivo di nord-ovest, ci è arrivato addosso più forte quando abbiamo girato all'antico santuario diroccato. Duane muoveva le orecchie e scartava a ogni fruscio tra i rami del bosco; e credo che sentisse le mie tensioni irrisolte come io sentivo le sue, l'alfabeto di segnali cifrati.

Siamo scesi a sbuffi e strappi di redini e colpi di tallone per il tratto ripido che dal santuario porta giù alla valle; i ferri ogni tanto scivolavano sull'asfalto che un benefattore ignorante e devastatore aveva fatto colare lungo trecento metri di strada per il matrimonio di sua figlia. Mi tenevo leggero in sella, con le punte dei piedi che appena toccavano le staffe, pronto a bilanciare una perdita improvvisa di stabilità e anche a saltare giù se Duane avesse finito per cadere su un fianco o rovesciarsi zampe all'aria. Era uno degli aspetti dell'andare a cavallo che mi avevano affascinato fin dall'inizio: il dover stare in guardia ma non rigidi di tensione, attenti ai minimi segnali eppure parte di un equilibrio molto più ampio e mobile, dove nessun gesto può garantire effetti permanenti.

Quando siamo arrivati in piano abbiamo passato il cancello a gabbia per il bestiame e preso al trotto nervoso per la strada sterrata che attraversa la grande distesa di prati a onde. L'erba rasa dell'inverno aveva ricominciato a crescere da poco; i cavalli da carne dai posteriori deboli e le mucche bianche dalle grandi corna brucavano con accanimento intermittente, infastiditi anche loro dal vento. A ogni folata cartacce e sacchetti di plastica dei picnic della domenica prendevano il volo e facevano scartare Duane, ma per il resto era più o meno lo stesso paesaggio che mi aveva colpito molti anni prima, quando ero rimasto stupefatto all'idea di una porzione così estesa di valli e colline conservata quasi intatta a trenta chilometri dalla città.

Abbiamo passato anche il secondo cancello tra nuove impuntature e scantonamenti e abbiamo ripreso al trotto per i prati in pendenza, oltre il recinto del toro alla base della grande quercia. Pensavo a tutte le volte che avevo fatto in andata e ritorno lo stesso percorso da due ore, con i clienti inesperti aggrappati alle redini in fila indiana e i clienti che si consideravano esperti tutti presi nei loro giochi di posture. Mi venivano in mente le domande ricorrenti man mano che il paesaggio ci si apriva intorno, le risposte ricorrenti che davo: il senso di padronanza e di libertà, la soddisfazione quasi rabbiosa di aver trovato alla fine un lavoro e una vita che non mi facevano sentire chiuso in una gabbia o in una scatola arredata. Cercavo di richiamare queste sensazioni per sciogliermi e viaggiarci dentro, ma non ci riuscivo; non sapevo se per colpa dell'andatura di Duane o per colpa del vento, per colpa delle grandi nuvole grigie che correvano nel cielo sopra le nostre teste.

Siamo passati sotto i cavi della luce, tra i tralicci piantati come monumenti giganti alla protervia delle aziende di stato, con uno scatto per sottrarci più presto che potevamo all'alterazione di campi magnetici. Viaggiavo in avanti con lo sguardo, verso il punto dove la valle scende al piccolo fiume sulle cui rive gli antichi romani avevano combattuto una battaglia contro qualcuno; mi chiedevo quanto ci voleva prima che la città e i paesi ingrossati e inaviditi tutto intorno trovassero il modo di intaccare anche questa specie di isola in terraferma e divorarsela a brani. Duane continuava a cercare di sottrarsi alle redini, abbassava la testa e allungava il collo, sfalsava il ritmo delle zampe contro la resistenza delle mie mani. Avevo la testa piena di cose da fare appena tornato al centro di equitazione: gesti e strumenti, nomi di oggetti e di cavalli e di persone, numeri, unità di peso, orari. Mi martellavano i pensieri nel modo più convulso e poi perdevano definizione e si mescolavano a immagini più vaghe: avvicinamenti e allontanamenti, sguardi, sensazioni senza nome, attese senza forma.

9

Siamo arrivati alla curva del fiume, dove altre mucche bianche dalle grandi corna si scostavano al nostro passaggio seguite dai loro vitelli di pochi giorni; abbiamo trottato lungo il corso della corrente. Duane invece di sfogarsi nel movimento più veloce era fremente di tensione trattenuta, bagnato di sudore e schiumante alla bocca; ogni pochi secondi provava a rompere in un mezzo galoppo sbieco, forzava con i posteriori a molla, mi costringeva a tirare sul morso per tenerlo a bada.

Abbiamo attraversato al solito punto di guado, siamo risaliti a scatti per la sponda fangosa solcata dagli zoccoli del bestiame. Poi sul prato è sbucata una moto da cross bianca e rossa con uno strepito smarmittato da divoratore meccanico pieno di fame, e Duane ha perso totalmente la testa.

Lavoravo con i cavalli da cinque anni, mi erano già capitate situazioni simili e non è che non sapessi cosa fare; ma solo un istante prima mi sembrava di essere in controllo della situazione, e un istante dopo ero saturo in ogni fibra di dubbi sulla possibilità di controllare chiunque o qualunque cosa al mondo. Non sarei riuscito a spiegarlo in modo accurato, nemmeno se ne avessi avuto il tempo: mi pareva una forma estrema di delusione o di stanchezza, che mi attaccava da dentro come un gas nervino.

Ho tirato la redine sinistra e premuto il ginocchio sinistro contro il costato di Duane per costringerlo a una curva e fargli perdere lo slancio e il senso della fuga, ma senza abbastanza prontezza né convinzione, e intanto il panico da animale predato aveva continuato a fiottargli nel sangue così violento da farlo diventare insensibile. Ho tirato forte tutte e due le redini a mani alterne, ho spostato il peso all'indietro e gridato «Ho!» nel tono più autorevole che mi veniva, ma di nuovo non era molto: Duane ha abbassato la testa con tutta la potenza del suo collo di cavallo e si è messo a sgroppare. Ho fatto qualche salto da rodeo sbatacchiato su e giù come un sacco, poi per non finire a terra ho dovuto cedere le redini e dare di talloni, lasciargli prendere la velocità che voleva. Ma non c'era nessun genere di autolimitatore nella sua testa, e per quanto cercassi di tenermi elastico in sella non ci riuscivo: ero troppo indurito e inclinato in avanti, con le gambe troppo serrate, le spalle troppo chiuse. Ogni falcata mi si ripercuoteva attraverso il corpo con una sensazione di disarmonia fondamentale, mi strapazzava come avrebbe potuto succedere al meno dotato dei miei allievi.

Abbiamo tamburreggiato a un galoppo selvaggio per il prato a onde racchiuso su due lati dalla massa verde scura del bosco, nel ritmo che continuava a crescere con il battito degli zoccoli e del mio cuore e di quello del cavallo. Avevo gli occhi che mi lacrimavano per il vento della corsa, le mani e le ginocchia che mi facevano male; ero pieno di stupore per come tutto quello che sapevo continuava a scivolarmi via di dosso, senza lasciarmi i mezzi per esercitare un vero influsso sulla velocità o la direzione della nostra corsa. Eppure non mi sembrava di essere particolarmente spaventato: c'era una specie di distacco nel modo in cui cercavo di valutare la compattezza del terreno e la forza di un possibile impatto e la durata del panico del cavallo, la mia determinazione a restargli sopra.

Duane era sempre più travolto dalla rottura delle sue dighe interiori, sempre più irragionevole nella sua smania di scappare via da qualunque repressione di istinti e qualunque codice di comunicazione e qualunque pantomima rassicurante faticosamente instillata; galoppava come se si precipitasse indietro con tutte le sue energie vitali attraverso secoli di storia della domesticazione, lontano da briglie e cinghie e corde e lacci e paletti e steccati e gesti e parole che lo

11

avevano bloccato sul lato passivo di un gioco condotto da altri fino a pochi minuti prima. A ogni nuova onda del prato mi sembrava di essere sul punto di perdere definitivamente il contatto e prendere il volo, nello scricchiolio di cuoio e metallo e giunture e ossa e pensieri. Mi sembrava di avere ritrovato l'assetto giusto e l'avevo già perso di nuovo; mi ripetevo le indicazioni di base delle mie lezioni per principianti e i piedi mi erano già scivolati fuori dalle staffe, avevo già ripreso a rimbalzare sulla sella e a sentire le vertebre che impattavano una sull'altra, i muscoli della schiena e delle spalle che si stremavano in una lotta inutile di compensazione e resistenza, le braccia bloccate, le dita che perdevano la presa.

Abbiamo continuato a tagliare a tutta forza attraverso la pendenza dei pascoli, e Duane ha accelerato ancora malgrado l'inclinazione del terreno che lo squilibrava, con le zampe nelle zampe come in un quadro futurista di un bassotto in corsa che mi veniva in mente, solo che era un bassotto molto alto e vigoroso e io gli stavo aggrappato come un povero topo. Siamo passati in pieno slancio raso ai rami di ornielli e carpini e sambuchi e ginestre e rovi e biancospini che si protendevano dal bosco, a capofitto in discesa verso un masso di pietra grigia posato come un dato inspiegabile sull'erba corta. Poi all'ultimo metro possibile Duane ha scartato a sinistra e mi è sparito di sotto; sono volato in aria come un uomo-proiettile da circo, pieno di anticipazioni di schianti e rotture e buio definitivo ma anche con uno strano tipo di indifferenza o curiosità o sollievo di fondo, consapevolezza gelata che forse erano le ultime cose che sentivo.

Ero schiacciato in un movimento irresistibile dall'alto verso il basso, con la fronte e il petto e le mani e le ginocchia contro l'erba e la terra dura subito sotto, come se volessi entrarci dentro o almeno premerla e premerla con tutte le mie forze fino a consumarmi. Ero quasi in piedi di nuovo ma non proprio, sorpreso dalla mia capacità di recupero e sconcertato da quanto poco recuperavo; di nuovo con la faccia verso il prato; inclinato su un fianco; seduto per terra di schianto.

Ero seduto per terra e guardavo il cielo grigio che continuava a correre sopra di me; guardavo il prato che mi correva di sotto; guardavo Duane che correva via al piccolo trotto sbandato, con scarti e ondeggiamenti della testa per controllarsi alle spalle. Mi sono alzato su un impulso irriflessivo di corrergli dietro, ma un lampo di dolore mi è passato attraverso il corpo come un tratto di matita rossa attraverso un tentativo di disegno: il paesaggio mi si è rimpicciolito e ingrandito davanti, rimpicciolito di nuovo. Mi sono piegato sulle ginocchia, con l'udito e la vista e tutti gli altri sensi che se ne andavano, nausea che tornava indietro e mi avvitava in una spirale vertiginosa. Ho detto «Non è niente, non è niente» a mezza voce o con nessuna voce; ho pensato che forse invece ero sul punto di morire. Cercavo di respirare dal naso, tenere in ordine i pensieri, ma non riuscivo a trovare nessuno scomparto del cervello in cui metterli, né ero più sicuro di avere un cervello o dei pensieri.

Sembrava una condizione intermittente, perché dopo due o tre ore o minuti o secondi mi è parso di avere recuperato una minima prospettiva sulle cose e perfino una minima parte di senso dell'umorismo, perfino rabbia verso Duane e imbarazzo per come non ero riuscito a controllarlo, impazienza per il tempo perso e per tutti gli impegni pressanti del centro di equitazione che avevano già cominciato a slittare uno sull'altro. Ma altre due o tre ore o minuti o secondi più tardi era tutto a zero di nuovo, stavo accovacciato sul prato con una forma così estesa e definitiva di malessere che non riuscivo a percepire nessuna separazione tra me e il prato o il dentro e il fuori o il qui e il là o il quando e il dove. Altre due o tre ore o minuti o secondi dopo avevo la testa piena di frammenti di constatazioni e intuizioni e considerazioni del tutto inutilizzabili, come pezzi di vetro rotto di diversi colori scossi in una scatola.

Mi sono passato una mano lungo un fianco, ho cercato di muovere piano le gambe per farmi almeno un'idea dell'estensione dei danni. Oscillavo tra preoccupazioni estremamente localizzate e panico senza contorni, opacità da organismo unicellulare che affonda su se stesso. Appena facevo un movimento la nausea mi ritrascinava a cerchi verso una zona vuota di pensieri; appena mi immobilizzavo il mio cervello ricominciava a produrre schegge e scaglie di idee, sentimenti impossibili da rimettere insieme. Ho provato ancora a concentrarmi sul respiro: chiudevo gli occhi e dilatavo le narici, mi riempivo piano i polmoni; le costole mi facevano male.

Dopo un altro spazio di tempo non misurabile mi è sembrato che restare seduto e fermo fosse l'opzione peggiore che avevo; mi sono alzato in piedi con la più grande cautela, mi sono passato una mano sulla testa per grattarmi o carezzarmi o stabilizzarmi o cercare un'incrinatura che non riuscivo a trovare. Riuscivo a stare in piedi, in compenso, anche se il paesaggio continuava a corrermi sopra e sotto e allontanarsi e venirmi incontro insieme al senso delle cose che mi saliva dentro e si ritraeva con ogni minimo spostamento. Ho fatto due o tre passi e mi sono appoggiato al masso grigio, ho cercato di vomitare; ma non era un tipo di nausea che poteva risolversi in modo così meccanico, lo sapevo prima ancora di provarci.

14

Ho guardato di nuovo verso i prati con gli occhi socchiusi per frenare la loro corsa, e poco alla volta la mia vista ha smesso di telescopizzare tutto e almeno parte dei miei pensieri sono rientrati nelle loro forme; il malessere universale mi si è ristretto fino a localizzarsi in un dolore acuto alla testa e alle costole e alla spalla e al polso e all'anca sinistri, e alla sensazione perfettamente nitida di essere del tutto infelice.

La cosa strana è che non mi sembrava uno degli effetti collaterali della caduta: i danni fisici e l'infelicità appartenevano a due piani separati, su scale di grandezza nemmeno paragonabili. Ero in piedi nel prato a onde, rotto e minato dalla nausea, e sapevo al di là di ogni possibile dubbio che la mia vita non era per niente quella che avrei voluto.

Mi sono chiesto come avevo fatto a non accorgermene prima, quando mi ero alzato la mattina presto o mentre facevo colazione con Anna, o in un altro punto qualsiasi del nostro tempo insieme. Mi sono chiesto come avevo potuto sentirmi impegnato e appagato da quello che avevo fino alla caduta: mandavo intorno cerchi e quadrati e rettangoli e triangoli di domande, e invece di risposte trovavo solo ostinazione e silenzio e facce serie, nomi da dare alle cose e impegni da mantenere per principio, carichi da sollevare, animali da pungolare lungo percorsi che non gli piacevano, gesti da ripetere all'infinito.

Subito dopo ho provato a pensare a prima di Anna e a prima dei cavalli, e mi sono reso conto che non ero *mai* stato felice. Se facevo scorrere la mia vita intera avanti o indietro alla ricerca di un punto di contentezza che non fosse proprio uno scoglio perso in un oceano, non lo trovavo. Non mi veniva in mente nessuna gioia non interrotta dal dovere, nessuna sorpresa non diluita dall'abitudine, nessuna allegria non velata dalla noia, nessuna fantasia non inchiodata a terra dal peso stolido della realtà. Era un genere di consapevolezza che mi abbagliava e mi acuiva la vista a fasi alterne, mi faceva venire voglia di restare fermo per sempre e mi faceva venire voglia di mettermi a camminare, togliermi di lì.

Mi sono messo a camminare, ma era ancora più difficile di come pensavo. La testa mi pulsava e il braccio sinistro mi pesava sui legamenti della spalla e l'anca sinistra mi mandava fitte su per il corpo a ogni passo, mi faceva mancare il punto di appoggio in modo ricorrente. Mi sono sforzato di fare piano; zoppicavo al rallentatore per le onde dei prati che avevo attraversato in pochi minuti di corsa folle nell'altra direzione, il mio senso del tempo sembrava alterato quanto il mio senso delle distanze. Duane era fermo a brucare l'erba a trenta o cento o quattrocento metri da me in direzione di casa, ogni volta che mi vedeva avvicinare si metteva al trotto e ristabiliva un golfo insondabile di spazio, mi guardava con la testa girata in una specie di atteggiamento di provocazione. Non sarei comunque mai stato in grado di rimontargli in sella, anche se l'avessi raggiunto: gli andavo dietro come uno può inseguire un'idea che ha già perso tutta la sua rilevanza all'inizio di un ragionamento. Ma avevo bisogno di fissare gli occhi su qualcosa di semplice per non dissolvermi nel vuoto che mi si apriva sotto i piedi; andavo avanti un passo dietro l'altro, senza girare la testa.

Mi venivano delle riflessioni sulla lentezza degli esseri umani a piedi rispetto alle loro necessità o alle loro ambizioni di spostamento. Pensavo che qualsiasi altro animale ha un rapporto più equilibrato tra la propria velocità e l'estensione del territorio di cui ha bisogno o voglia. Pensavo a come si muove rapida una formica attraverso una stanza che per lei è grande quanto la distesa dei pascoli lo era per me; e a come per converso è contento un bradipo di starsene quasi fermo sui rami del suo albero a mangiare foglie. Avevo la testa piena di salti di scoiattoli e di scimmie, corse di lepri e leoni e daini ed elefanti e gazzelle e zebre e topi, indugiamenti di lumache e di tartarughe. Pensavo al modo orgoglioso in cui avevo esplorato gli stessi identici spazi in groppa a un cavallo, alto e a mio agio sopra il terreno, padrone della distanza a un semplice tocco di talloni. Pensavo a tutti i panzoni e le culone e le magrette secchette e i tozzi inquartati che si sentivano nobili e agili come centauri e amazzoni mentre mi venivano dietro su zampe altrui; me li immaginavo a piedi come me, schiacciati dalla pressione atmosferica e limitati dalla pretesa di camminare eretti, umiliati dai loro stessi corpi. Mi veniva da ridere, ma questo non attenuava la mia infelicità né il mio malessere fisico né la mia sensazione di svantaggio profondo, la frustrazione che mi si distillava insieme al sudore mentre andavo avanti come se avessi le gambe in una corrente contraria.

Pensavo a quanto la storia degli esseri umani è stata influenzata dal desiderio di affrancarsi da questa frustrazione di fondo, in una linea ossessiva che ha portato grado a grado all'addomesticamento dell'asino all'invenzione della ruota alla scoperta della staffa alle orde barbariche dell'Asia alle crociate all'invasione delle Americhe al motore a scoppio alle guerre mondiali al turismo di massa al dominio delle macchine alla cementificazione del mondo alla sua distruzione progressiva. Mi chiedevo come sarebbero andate le cose se la nostra specie avesse avuto in dotazione una velocità naturale più gratificante: se avremmo fatto meno danni o invece ancora di più; se la lentezza era un tentativo patetico della natura di tenere a freno le nostre tendenze aggressive e devastatorie.

A metà del percorso tra i pascoli Duane non era più in vista e le mie energie si erano esaurite; dovevo fare uno sforzo estremo per andare avanti, non lasciarmi atterrare. Ogni tanto mi sembrava di ricordarmi un punto della mia vita che forse avrei potuto vedere in una luce non del tutto desolata; ma mi tornava in mente il subito prima e il subito dopo, e il durante diventava così isolato in una distesa di sensazioni negative o neutre da non valere nessun tentativo di traversata. Andavo avanti tra le onde di prato che si allungavano e ingrossavano a ogni passo, e cercavo almeno di schermare questo genere di pensieri, tornare a riflessioni più innocue. Mi sono immaginato Duane che verso sera tornava al centro di equitazione senza di me, leggero ed elastico e pieno delle sue risorse di animale costruito per le grandi distanze; mi sono immaginato la faccia di Anna.

Quando alla fine sono arrivato alla strada sterrata che correva tutta buche e solchi attraverso la parte più piana dei pascoli non avevo la minima idea di quanto tempo fosse passato; il mio orologio si era fermato con la caduta, ma non mi sembrava che avrebbe potuto aiutarmi molto in ogni caso. Ho cercato di riprendere fiato, asciugarmi il sudore nel vento freddo; non ho cercato di calcolare quanto ci avrei messo da lì fino a casa, perché ero troppo sicuro di non riuscirci. Non c'era nessuno in vista, a parte le mucche e i cavalli: nessuna macchina di gitanti, nessun cacciatore di frodo dalla faccia di ominide, nessun ragazzotto in motorino calato da uno dei paesi vicini a far rumore. La distanza dal centro di equitazione continuava a crescermi davanti agli occhi; mi sono visto ancora lì con il sole tramontato, prima che Anna si accorgesse che non c'ero e abbandonasse la sua frenesia di attività concatenate e mi venisse a cercare. Il male alla testa e alla spalla e al petto e al polso e all'anca era diventato così forte che ogni passo mi sembrava l'ultimo possibile, mi faceva venire voglia di lasciarmi andare.

L'ho fatto, dopo un po': mi sono seduto sulla scarpata erbosa a lato della strada, inclinato su un lato ma ancora con uno sforzo di dignità se per caso fosse arrivato qualcuno che conoscevo, magari il responsabile di un maneggio concorrente con la sua fila indiana di allievi dritti in sella. Ma non arrivava nessuno, e il vento di nord-ovest si è incattivito ancora.

Mi sono rimesso in marcia, a passi ancora più raccorciati e sbilenchi; dopo venti metri ho dovuto fermarmi di nuovo perché non ce la facevo. Ho provato a rialzarmi; mi sono riseduto subito, non avevo la minima riserva di energia muscolare o morale. Avrei voluto scavare un tunnel nel fianco erboso della collina come una talpa, dimenticarmi al buio protetto e tiepido della terra l'infelicità e il dolore e la lentezza innata della specie umana e tutto il resto.

Invece ho visto arrivare una vecchia automobile furgonata rossa in una scia di rumore e traballamenti; ho fatto un gesto, in ritardo perché i miei riflessi erano molto rallentati, sono stato a guardarla passare oltre. Ma ha frenato pochi metri più avanti, ha ingranato la retromarcia con qualche difficoltà, è tornata indietro attraverso la nuvola di polvere che aveva smosso.

Dentro c'era una tipa che si è allungata a girare la manovella del finestrino ma è riuscita a tirarlo giù solo a metà: ha gridato nello spazio libero tra il vetro e la lamiera «Dove devi andare?».

«Di qua» ho detto, con uno spasmo per non rompere la voce e non piegarmi in due.

Lei ha fatto di sì con la testa; aveva occhi chiari e

19

zigomi alti, capelli tirati indietro con forza e raccolti a treccia. Ho cercato di ricordarmi se l'avevo già vista nella zona e non ci riuscivo, tutti gli elementi del paesaggio mi passavano davanti alla stessa distanza sfuggente. Ho cercato di aprire la portiera ma non si apriva; la tipa mi ha fatto cenno di salire dietro, sembrava impaziente. Ho aperto i portelli posteriori, sono salito con uno sforzo penoso sul pianale di metallo.

C'era odore di cannella e fumo e polvere e bergamotto; non sapevo come sedermi, perché le panchette laterali erano state tolte e qualunque posizione mi acuiva il dolore. C'era un cane, anche: un mezzo terrier bianco e nero che abbaiava e quando siamo ripartiti di scatto e io sono rotolato sul pianale mi è saltato sopra a zampe rigide e mi ha annusato la faccia ed è saltato oltre in uno stato di estrema agitazione. Ho cercato un punto d'appiglio, reclinato contro una vecchia coperta messa lì forse per il cane. La tipa guidava a zigzag per evitare le buche senza rallentare; a ogni strappo di volante perdevo la posizione e rotolavo di nuovo con un lampo multiplo di dolore. Avrei voluto dirle qualcosa delle mie condizioni, ma non mi sembrava di avere abbastanza fiato nello sbatacchiamento continuo di vecchie molle e lamiere. Mi sforzavo di tenermi aggrappato con la mano destra alla base del sedile davanti, tendevo i muscoli della schiena per ammortizzare le scosse continue.

La tipa si è girata un paio di volte a guardarmi; ha detto «Stancato a metà passeggiata?».

«Non era una passeggiata» ho detto, in un tono da cornacchia agonizzante.

Lei ha fatto di sì con la testa, ma non ero sicuro che mi avesse sentito, sembrava troppo presa dalla strada.

Solo per distrarla dalla velocità e distrarmi dal male ho detto «In gita da Roma?».

«Quale gita» ha detto lei, furiosa quanto il suo modo di guidare.

Eravamo già all'altezza del santuario, già nell'angolo stretto della curva; l'ondeggiamento violento mi ha fatto di nuovo perdere l'appiglio e rotolare per il pianale, gridare molto più forte di come avrei voluto.

«Stai male?» ha detto la tipa; cercava di guardarmi ma guidava troppo veloce, e io ero troppo in basso e ancora in rotolamento.

«Abbastanza» ho detto, appena sono riuscito a stabilizzarmi. Ho detto «Non potresti rallentare un po'?».

Lei non ha rallentato affatto, ma anzi si è messa ad accelerare lungo il tratto di strada che corre dritto sul crinale tra le due valli. Ha detto «Neanch'io sto tanto bene, se vuoi sapere la verità». Guidava inclinata in avanti sul volante come per dare slancio alla sua vecchia trappola, con la treccia bionda che ballava sulla giacca afgana di pelle di pecora ricamata con filo rosso e blu.

Poi eravamo già quasi al centro di equitazione ed ero già quasi pronto a tirarmi su e dirle di fermare, e lei invece ha frenato trecento metri prima e ha girato a sinistra al bivio, mi ha fatto volare di nuovo mentre riaccelerava per la strada sterrata stretta. Ho gridato «Ehi!»; ho gridato «Io sono là!»; ho gridato «Io scendo!». Ma non eravamo più là e non c'era più verso di scendere a meno di non volermi ammazzare e lei aveva aperto il finestrino e non mi sentiva, la macchina furgonata era piena di rumore di vento e di motore e di ruote e di scuotimenti selvaggi.

Abbiamo fatto un'altra frenata violenta e un'altra svolta, quando sono riuscito a tirare su la testa ho visto che puntavamo dritti verso un cancello di legno.

La tipa l'ha urtato con il muso della macchina e il cancello si è aperto e lei ha accelerato di nuovo verso una casa bassa e rosa, ha frenato pochi metri prima di schiantarcisi contro, mi ha fatto scaravoltare ancora una volta.

Ero di traverso sul pianale, con lei che premeva il clacson e il mezzo terrier che abbaiava e guaiva e uggiolava e mi usava come punto d'appoggio per guardare fuori dai finestrini; i dolori aggravati della caduta mi si sfaccettavano dentro in un caleidoscopio di brutte sensazioni. Ho detto «Fammi scendere», ma quasi senza voce; ho fatto uno sforzo terribile per tirarmi su a sedere.

La tipa ha continuato a suonare il clacson come una tromba da guerra, finché dalla casa è uscito un tipo alto e magro con gli occhiali tondi che si è bloccato in un'espressione di allarme. La tipa ha aperto la portiera, gli ha gridato «Allora, è il cinque. Te ne vai o no?».

Lui ha scosso la testa; aveva una massa compatta di capelli neri e grigi tagliati a scodella, gli davano un aspetto da ex bambino affaticato dalla vita. Ha detto «Sei tu che torni, semmai».

La tipa è scesa dalla macchina furgonata come se volesse prenderlo a botte; gli si è fermata a un metro di distanza, ha detto «Piantala con questa parte, Riccardo. Eravamo d'accordo, no?».

Riccardo scuoteva ancora la testa, ha detto «Eravamo d'accordo di ragionare come due persone adulte».

«Non ricominciare con la storia del ragionare» ha detto lei, piantata solida sui piedi ma con le anche e il busto e la testa in movimento. Ha detto «Non ricominciare con la storia delle persone adulte».

«È che tu non mi ascolti» ha detto Riccardo. Ha incrociato le braccia e ha cercato di assumere una posizione ferma, ma non sembrava sicuro come voleva far credere, dipendeva totalmente dalle mosse di lei. Ha detto «Tutto quello che dico ti scivola addosso, non serve a niente».

«Allora perché non la pianti?» ha detto lei. «Perché non te ne vai?»

«Non me ne vado» ha detto Riccardo, nel timbro povero di toni che aveva. Ha detto «Non me ne vado mai e poi mai e poi mai»

Provavo una forma di odio estenuato per tutti e due, dalla mia posizione precaria dentro la macchina furgonata, pieno di dolori scavanti e martellanti che mi accorciavano il respiro: avrei voluto gridargli di farla finita, decidere chi dei due se ne andava e chi restava, chi mi lasciava al primo ospedale lungo la strada. Il mezzo terrier abbaiava fino a consumarsi, faceva mezzi salti e zampettamenti per cercare di uscire dal finestrino aperto usandomi come scalino.

La tipa ha fatto mezzo giro su se stessa come per tornare alla macchina, e invece di colpo ha puntato verso la porta della casa bassa. Riccardo le ha bloccato la strada, ma per farlo ha dovuto allargare le braccia e rinunciare alla sua posa di fermezza incrollabile. La tipa ha detto «Fammi passare»; lui ha detto «Non ti faccio passare». Lei ha detto «Togliti»; lui ha detto «Non mi tolgo». La ostacolava come un giocatore di basket, spostava il peso a destra e a sinistra e muoveva le braccia in tentativi di anticipazione, ma per quanto fosse più alto lei sembrava più forte, difficile da fermare. Gli ha detto di nuovo «Togliti», lo spingeva indietro senza toccarlo.

Lui si è fatto prendere dal panico: i suoi spostamenti di peso e i suoi gesti a mani aperte sono diventati troppo leggeri e troppo rapidi, la voce gli è salita di registro, le parole hanno cominciato a venirgli fuori senza pause. Ha detto «Devi smetterla di fare la bambina viziata Alberta devi accettare l'idea che una famiglia non è un gioco da mandare all'aria appena ti annoia devi capire che bisogna lavorare insieme per risolvere i problemi e superare le difficoltà e migliorare quello che non funziona se c'è qualcosa che non funziona e far tornare tutto come prima».

«Piantala, Riccardo» ha detto Alberta. La vedevo di tre quarti, determinata nelle sue ragioni come un'orsa bionda; ha detto «Siamo *io e te* che non funzioniamo. E non si può trascinare una storia in un'officina meccanica e rimetterla a posto con il saldatore, per fortuna».

«Invece sì che si può» ha detto Riccardo, continuava a retrocedere per bloccarle la strada. Ha detto «Basta volerlo basta spiegare all'altro cosa c'è che non va basta pensare all'interesse comune a tutto quello che si è fatto insieme a quello che conta davvero non pretendere che la vita sia un luna park permanente accettare anche la fatica e la noia ogni tanto se è per avere una cosa su cui fare affidamento senza stare sempre sospesi nell'umore e nell'ispirazione del momento».

«Non è l'umore del momento» ha detto Alberta; ma facevo fatica a sentirla perché si erano allontanati verso la casa e i loro movimenti erano diventati ancora più nervosi e il cane abbaiava senza smettere, il male e la fatica mi abbassavano l'udito insieme a tutte le altre percezioni.

«Deciderlo da sola!» ha gridato Riccardo in un picco di frequenza. Ha gridato «Verità!». Ha gridato «Solo scappare!».

«Nemmeno!» ha gridato Alberta. Ha gridato «Insistenza!». Ha gridato «Paranoia!».

«Infantile ostinata rifiutarti ascoltare ragionare lo vedi lo vedi!» ha gridato Riccardo, ai limiti forzati e deteriorati della sua voce.

Alberta ha gridato «Baastaaa!», molto più forte di qualunque altro suono fino allora.

Li ho guardati, e sembravano fermi in un territorio di parole esaurite, uno di fronte all'altra in attesa di ispirazioni o di soccorsi esterni. Poi hanno alzato le mani nello stesso identico modo: si sono spinti avanti e indietro come in una lotta di cervi.

Ho cercato di cambiare posizione per alleviare il dolore al fianco sinistro; quando ho rialzato la testa loro due erano molto più vicini e Riccardo guardava verso la macchina furgonata, mi ha visto. Le braccia gli sono ricadute lungo i fianchi, ha detto «Quello chi è?».

«Che ne so» ha detto Alberta.

«Come che ne sai?» ha detto Riccardo.

Alberta gli è passata oltre, ha puntato di nuovo verso la porta di casa.

Riccardo ha fatto per andarle dietro, ma la sua attenzione era strattonata su due fronti: è rimasto incerto tra lei e me e poi è venuto verso di me in uno slancio progressivo. Ha aperto la porta del guidatore e si è affacciato dentro, contratto e vibrante di aggressività e incertezza. Il mezzo terrier è schizzato fuori, è rimbalzato in tutte le direzioni con una serie di abbaiamenti scoppiettati. Riccardo mi ha gridato «Perché non vieni giù, invece di nasconderti lì come un vigliacco?».

«Non mi nascondo» ho detto, con una voce che ha peggiorato l'alterazione dei suoi lineamenti tanto suonava male. Avrei voluto trovare una battuta secca per comunicargli il mio stato e l'aggravamento aggiuntivo che lui mi stava provocando, ma non ci riuscivo.

«Allora scendi!» ha gridato lui, sporto sopra lo schienale con una furia che sembrava terrore da mancanza di spiegazioni. Ha gridato «Fatti vedere, almeno! Invece di fare il vigliacco che rovina le famiglie degli altri senza neanche il coraggio di assumersi le sue responsabilità!».

Se non fossi stato tanto male avrei reagito in un modo sarcastico o violento o comprensivo o forse mi sarei solo messo a ridere, ma ormai vedevo tutto in una luce intollerabile di sogno guasto, dove pensare a una sequenza articolata di parole o anche solo a un movimento mi faceva venire la nausea.

Riccardo si è infiammato ancora di più per questa riluttanza: ha gridato «Invece vieni fuori subito! Vieni fuori o ti tiro fuori io!». A distanza ravvicinata potevo vedere segni molto fisici del suo scontro con Alberta che da lontano mi era sembrato quasi astratto: le narici dilatate e il naso arrossato, tracce di lacrime agli angoli degli occhi, saliva schiumata a un angolo della bocca.

Ho detto «Facciamo un'altra volta, magari».

Lui ha equivocato ancora sui messaggi che riceveva: ha fatto il giro della macchina furgonata e ha spalancato i portelli dietro e si è tuffato a prendermi per una caviglia, ha cercato di trascinarmi fuori. La trazione violenta mi ha mandato una fitta lancinante lungo il lato sinistro del corpo e mi ha strappato un grido selvaggio e un calcio con tutta la forza residua della gamba libera.

L'ho preso tra la spalla e la base del collo; lui ha mollato la mia caviglia ed è volato all'indietro, con le pupille dilatate dalla sorpresa.

Quasi nello stesso istante Alberta ha aperto la portiera davanti e ha spinto un bambino sul sedile di lato ed è saltata al volante e ha messo in moto, ha ingranato la retromarcia. Riccardo ondeggiava dietro di noi con una mano sulla clavicola, è riuscito a tuffarsi di lato prima che gli arrivassimo addosso. Poi non l'ho più visto, vedevo solo il vialetto d'accesso che mi correva incontro a tutta velocità tra i portelli che sbattevano chiusi e aperti.

Abbiamo urtato contro un montante del cancello con un rumore di legno e lamiera e plastica di fanali; il bambino si è messo a strillare e Alberta lo ha bloccato sul sedile con una mano mentre manovrava come un pilota di rally e Riccardo è arrivato di corsa gridando e mulinando un braccio e il mezzo terrier lo ha superato al galoppo serrato dieci volte più veloce di lui e ci ha raggiunti ed è saltato dentro un istante prima che i portelli sbattessero chiusi e mi è passato sopra mentre ancora una volta rotolavo sul pianale e Alberta ripartiva lungo la strada sterrata in una successione di scosse e schianti e sobbalzi e beccheggiamenti e contraccolpi così forti e ravvicinati e riverberati attraverso il mio corpo contratto da farmi pensare che ero sul punto di svenire anche se non ero mai svenuto in vita mia finché invece sono svenuto davvero: tutti i suoni e le immagini spariti.

Due

Quando Anna è arrivata all'ospedale sembrava sconcertata di trovarmi seduto di sbieco su una panca nell'atrio, invece che disteso in un letto di qualche sala pre o postoperatoria. Le ho tratteggiato in poche parole il quadro di lussazioni e contusioni e incrinature varie già accertate e da accertare con altri esami; ho detto che ero stufo e in grado di muovermi, volevo andarmene.

Lei mi ascoltava con l'espressione di realismo pessimista che le era venuta in quattro anni di vita con me e di lavoro con i cavalli; ha detto «Non fare il bambino, Luca». Ha detto «Lo sai che con queste cose non si scherza».

Ho detto «Lo so, lo so». Ho detto «Sto meglio, davvero»; ero già in piedi.

Lei ha detto «Non vedi che non riesci neanche a stare dritto?».

Ma il suo sguardo aveva una qualità da diagnosi veterinaria, e sembrava venato di un'insofferenza sedimentata strato a strato di cui non mi ero mai accorto prima; ho detto «Sì che ci riesco», sono andato verso l'uscita con uno sforzo intenso per tenermi dritto e non zoppicare.

Abbiamo attraversato il lago di asfalto del parcheggio pieno di macchine, in cerca della nostra vecchia Renault. Mi irritava il modo che Anna aveva di irrigidire il passo per non lasciarmi troppo indietro; il suo modo di girare la testa e dire «Ce la fai?»; il suo modo di tenere in mano le chiavi della macchina e guardarsi intorno tutta dati-di-fatto. Non riuscivo a ricordarmi che mi avesse mai suscitato questo genere di sentimenti, eppure erano lì ed erano abbastanza chiari, mi bastava un'occhiata per averne conferma.

Ho faticato a piegare la schiena e raccogliere le ginocchia per salire in macchina, ma da quando mi avevano illustrato la natura precisa dei miei dolori non ci facevo quasi più caso; era il mio stato emotivo a preoccuparmi. L'infelicità che mi aveva abbagliato come una rivelazione in mezzo ai prati era ancora lì, sotto la superficie di ogni gesto e dietro il suono di ogni parola. Pensavo alla quantità di impegni e scadenze e richieste che si erano accumulati al centro di equitazione nel corso della giornata e che avrebbero continuato ad accumularsi, e non me ne importava niente; quello che avevo considerato così fondamentale prima della caduta adesso era lontano e spento, come se mi si fosse rotto il filamento interiore che portava la corrente dalle ragioni ai fatti e viceversa. Guardavo Anna, e l'ansia pratica che la percorreva mi sembrava inspiegabile come la manifestazione di una cultura misteriosa, sviluppata a chissà quali altre latitudini. Mi chiedevo se la mia era una forma di lucidità o una semplice conseguenza traumatica o un effetto degli antidolorifici che mi avevano dato all'ospedale anche se non li volevo; mi chiedevo se era reversibile, o correvo il rischio di non ristabilire più il contatto.

Stavo zitto e reclinato sul fianco destro, nemmeno Anna diceva niente mentre guidava nel traffico in direzione nord. Le guardavo i polsi forti che le erano venuti a forza di tirare cinghie e piegare garretti, il profilo smussato che all'inizio mi era sembrato indifeso e nel tempo aveva acquistato una specie di durezza primitiva; non riuscivo a ricordarmi l'ultima volta che l'avevo davvero guardata con attenzione. Non riuscivo neanche a ricordarmi l'ultima volta che ci eravamo davvero parlati, al di là degli scambi di informazioni pratiche che ci facevamo anche cento volte al giorno al riparo dei nostri ruoli; non riuscivo a ricordarmi l'ultima volta che avevamo davvero fatto l'amore.

Ma anche qui i miei pensieri tendevano a scartare di lato: lo sguardo mi scorreva sulle colonne fasciste del grande ponte bianco che attraversa il fiume, sulle ultime edicole della città e gli ultimi supermarket e gli ultimi photoshop stampa-in-un'ora e gli ultimi palazzi anni Settanta e le ultime banche e gli ultimi bar e i prati miracolosamente non costruiti e i parcheggi di roulotte e le esposizioni di piscine prestampate coricate su un fianco e le piccole selve furiose di alberi infestanti venuti dall'oriente e i cartelloni delle pubblicità di mobili con sederi nudi giganti in primo piano e i centri commerciali come avamposti interplanetari di cemento armato e le antiche tombe romane come tane di termiti e i concessionari di macchine giapponesi con bandiere e piattaforme rotanti per i modelli di punta e gli studi della televisione di stato come carceri moderne e i fili spinati e i guard-rail e i binari e le pensiline della ferrovia e i vecchi capannoni in rovina e i finti ristoranti caserecci dai nomi truci e le improvvise colline verticali di tufo con pini marittimi in cima e i camion che vendono arance e patate a cassette e i piloni degli svincoli e dei sovrappassaggi e le scritte LAURA TI AMO e BT OK e i tralicci e i pullman e le macchine e macchine e macchine con dentro persone in movimento affannoso e ferme e avanti di nuovo a scatti e stop.

Mi tornava in mente l'insofferenza che provavo già

da bambino per i modi e i luoghi della vita organizzata: come aveva continuato a crescermi dentro man mano che diventavo adulto e conoscevo il mondo, fino a che ogni gesto in codice e ogni gruppo di consimili davanti a un bar e ogni faccia alla televisione e ogni titolo di giornale e ogni frase fatta e ogni taglio di capelli e ogni sguardo di scimmia vestita per la strada mi suscitavano l'istinto di sparire, non esserci più. I tentativi di non esserci più che avevo fatto: lo slancio della fuga e l'avvilimento della ricattura, gli sforzi di adattamento e compensazione, le ricerche dei lati positivi delle circostanze. Lo sconcerto che mi aveva preso quando alla fine ero riuscito a inventarmi un lavoro che andava anche bene e ad avere una famiglia benché non proprio per scelta vera, e una casa e un ufficio e una macchina e quasi tutto il resto che ci voleva per vivere nel mondo. Il senso di pensieri obbligati e gesti obbligati e percorsi obbligati che mi era risalito dentro poco alla volta, pranzi obbligati e cene obbligate e amici obbligati e passeggiate obbligate, mancanza di luce e d'aria, mancanza di sorprese, mancanza di sogni. La sorpresa di quando in una domenica di oppressione totale avevo scoperto per caso le colline a nord della città e avevo cominciato a scapparci per correre qualche ora nel verde su uno dei quattro cavalli sgangherati di Remo l'allevatore di bestiame; l'angoscia da fine-licenza di ogni volta che dovevo rientrare e tutto lo scenario mi si ricomponeva intorno pezzo a pezzo. La determinazione da suicida di quando avevo lasciato senza nessun preavviso famiglia e lavoro lo stesso giorno appiccicoso di maggio, con la prospettiva incerta di entrare in società con Remo e rimettere in sesto il maneggio sulla strada del bosco che un'inglese mezza matta voleva abbandonare per tornarsene a casa. L'incredulità delle prime mattine in cui mi svegliavo sul pavimento di legno della casetta a due piani in stile di cottage-baita che l'inglese chiamava club-house e scoprivo di essere fuori da tutto quello che mi aveva rinchiuso e schiacciato la vita fino quasi a soffocarmi. Lo sgomento di quando la figlia di Remo era venuta a dirmi che suo padre era morto, terragno e vigoroso e mangiatore com'era; e il vuoto della campagna, lo squallore minaccioso dei paesi vicini in continua espansione, la lentezza del lavoro con i cavalli, l'accanimento che ci mettevo; quanto ci credevo al tempo in cui Anna era venuta a prendere le prime lezioni di equitazione insieme alla sua amica lentigginosa. Mi sembrava tutto vago e senza contorni a pensarci adesso, come un film da dilettanti girato con una cinepresa difettosa, dove non si distinguono bene le facce e le voci si confondono e non si capisce chi dice cosa e chi fa cosa e nemmeno quale sia l'idea di fondo.

Anna ha girato brusca il volante, ha scalato di marcia per superare una macchina prima della rampa che porta al raccordo anulare; mi ha fatto stringere i denti dal male. Ho detto «Potresti guidare un po' meno a scatti, per piacere?».

Lei ha rallentato quasi a passo d'uomo; si è allungata all'indietro contro lo schienale, si mordicchiava le labbra.

Ho detto «Perché sei così nervosa?»; ma avrei potuto anche chiederle perché era lì, perché eravamo seduti fianco a fianco.

«Non sono nervosa» ha detto lei, senza guardarmi. Si è passata una mano tra i capelli, forti e lucidi e pieni di riflessi come la buccia di una castagna d'India; le macchine dietro di noi suonavano i clacson, in preda alla smania di avventarsi sul raccordo.

«Sì che sei nervosa» ho detto, anche se ero pieno di dubbi sul significato di questa parola.

Alla fine lei ha girato la testa, ha detto «Certo non faccio salti di gioia, con quello che ti è successo».

«Va be'» ho detto. «Almeno non sono morto né paralizzato a vita, no?».

«Sì» ha detto lei. Una Bmw dal muso di squalo ci ha superati a tutta velocità, ci ha fatti ondeggiare nello spostamento d'aria. Anna ha detto «In compenso non poteva capitare in una situazione peggiore».

«Vedrai che mi rimetto presto» ho detto, benché l'idea mi sembrasse incredibilmente remota. Ho detto «Vedrai che troviamo una soluzione».

«Quale soluzione?» ha detto lei. «Lunedì c'è la gettata per le nuove scuderie e ancora aspettiamo l'erogazione del mutuo e ci sono i tre puledri da domare e c'è il secondo paddock da riparare all'angolo destro in fondo e il fontanile grande che perde e le lezioni ai nuovi clienti e il veterinario da far venire per Tarma e Pamino e i sottosella da cambiare perché sono ridotti a degli stracci vergognosi e un altro maniscalco da trovare entro una settimana perché Magliacci è un cane e non lo voglio più vedere, e sono solo le prime cose che mi vengono in mente e tu sei fuori uso all'ottanta per cento.»

«*Quaranta*» ho detto per puro riflesso, anche se pensavo cento. Mi colpiva la secchezza del suo tono: l'assenza di margini per illusioni o considerazioni non brutalmente fondate sui fatti. Mi è tornata in mente la sua voce agli inizi, quando si fermava a parlare con me dopo la lezione ed era affascinata dai cavalli e da me e da quello che facevo e ancora non sapeva niente di cosa ci voleva a tenere insieme e rendere praticabile lo scenario che avevamo intorno. Ero pieno di nostalgia per l'infondatezza del suo entusiasmo di allora, per la curiosità e l'ottimismo offerti senza avere sotto mano tutti i dati rilevanti.

«Ma ti sei visto?» ha detto lei. «Ti rendi conto della situazione?»

«Mi rendo conto» ho detto. Pensavo che il mio spirito doveva essere stato molto simile al suo, fino alla caduta: che dovevamo essere entrati senza rendercene conto in un gioco di puri fatti e pure cose fino a non vedere altro all'orizzonte. Ho detto «Ma posso fare quasi tutto, a parte proprio sollevare la roba più pesante o lavorare in sella». Ho detto «Devo solo trovare il modo giusto». Ho detto «È solo questione di qualche settimana».

«Certo» ha detto lei. «Peccato che sia tutto da fare *adesso*. E dopodomani hai anche tuo figlio, se per caso te ne sei dimenticato.»

«Non me ne sono dimenticato» ho detto, anche se in verità non mi ricordavo nemmeno più di avere un figlio. Ho detto «Non ti preoccupare così. Ci organizziamo, vedrai». Ero sorpreso dall'automatismo delle mie parole: da come si davano da fare indipendentemente da me per conservare la situazione.

«Sarà facile» ha detto Anna.

Non riuscivo a capire se ero stato io a immaginarmi la ragazza sognatrice con cui avevo pensato di poter vivere fuori dal mondo, o era esistita davvero; e se era esistita dov'era finita, come aveva potuto trasformarsi in questa trentaduenne concreta e pessimista che teneva il volante con mani dure alla mia sinistra. Ho detto «Non è che io sia proprio felice di essere caduto. Ma è successo».

«Ahà» ha detto Anna.

Guardavo le colline ai lati della superstrada: cercavo di leggere i percorsi possibili per una persona a cavallo tenuto conto delle reti di recinzione e i muri di cemento e i fili spinati e le costruzioni e le strade. Mi sembrava di accorgermi per la prima volta di tutti i varchi che erano stati chiusi, delle nuove ville-bunker e le villette a schiera e i capannoni industriali e le stazioni di servizio smisurate che avevano aggredito il territorio per rapinarlo delle sue offerte di movimento libero.

Anna ha detto «Te l'avevo detto di non uscire con Duane».

«Ma l'ho fatto» ho detto. «È successo.» Pensavo ai ruoli, e a come sono più forti delle persone: a come bloccano i punti di vista e stabilizzano i toni di voce, fabbricano ragioni e definiscono strategie permanenti di attacco e di difesa, fanno diventare sordi e insensibili.

«Sapevi benissimo che era pericoloso» ha detto Anna.

«Ma è successo» ho detto di nuovo. Ho detto «Lo sai che non riesco a lasciare un animale chiuso in un box tutta la settimana finché il suo bastardo di padrone viene a montarlo un'ora la domenica mattina. E lo sai che se fosse per me non avremmo mai avuto a che fare con questo genere di cavalli o di padroni».

«Se fosse per te adesso dovremmo chiudere, invece di espanderci» ha detto Anna. «Se dovessimo dipendere dai tuoi cari esaltati dell'equitazione naturale di campagna.»

«Ma non siamo anche noi dei cari esaltati?» ho detto, e non era una finta domanda. Ho detto «Non è per questo che ci siamo messi a fare questo lavoro?».

«Sì, ma poi si *cresce*» ha detto lei mentre accendeva le luci all'imbocco della galleria. Ha detto «Si diventa *adulti*. Si fanno dei bilanci e si fanno dei progetti *seri*». Ha detto «Si smette di giocare».

«Cosa vuol dire seri?» ho detto, di nuovo con una curiosità autentica.

«Lo vedi?» ha detto lei. «Lo vedi come sei?». Ha detto «Come non c'è verso di parlare con te?»

Non c'era neanche verso di parlare con lei, o di stabilire un vero contatto; nel semibuio della galleria mi sembrava di essere seduto in una macchina d'altri in una vita d'altri, senza la minima idea di come ci fossi entrato.

Anna ha detto «È idiota ostinarsi a non vedere la realtà». Ha detto «Continuare a ripetere gli stessi errori e ammazzarsi di fatica senza nessuna prospettiva e senza nessun risultato tangibile».

«E i nostri cavalli?» ho detto, con gli occhi socchiusi nella luce grigia appena fuori dalla galleria. Ho detto «Non sono un risultato tangibile?».

«I nostri cavalli sono così brutti che non hanno mercato» ha detto Anna. Ha fatto un cenno di taglio con la mano, ha detto «Zero».

«Cosa vuol dire zero?» ho detto. «Cosa vuol dire mercato?». Ma mi ricordavo le sue pressanti richieste passate di sposarci e fare un figlio: come le avevo sviate o lasciate cadere, senza mai rifiutarle davvero né ammettere l'angoscia che mi comunicavano. Pensavo che forse ero stato io a chiuderle la possibilità di essere una donna dolce e serena, e a spingerla invece verso questa voce dura e questo sguardo senza stupore; pensavo che ci eravamo accaniti tutti e due nel lavoro per non vedere e non sentire quello che non andava tra noi.

«Che non li vuole nessuno» ha detto lei. «Che mi devi trovare uno con la testa a posto che voglia rinunciare a venti secoli di allevamento selettivo per comprarsi una specie di somaro ispido con la criniera dritta che non si lascia neanche ferrare.» Ha detto «Per la gioia di raccontare in giro che ha un autentico cavallo ri-natu-ra-liz-zato, se riesce a pronunciare la parola».

«Ma qualcuno lo abbiamo venduto» ho detto.

«Sì, e i soldi li hai visti?» ha detto lei. «Quanti ne hai visti?»

Ho detto «E allora cosa dovremmo fare, secondo te?». Ho detto «Dato che abbiamo sbagliato tutto in modo così clamoroso?».

«Quello che stiamo facendo» ha detto Anna. «Ingrandire il centro, farci dare il mutuo dalla banca, fare entrare un socio finanziatore, smetterla con la storia dell'equitazione naturale che alla fine non porta da nessuna parte, prendere cavalli seri a pensione, alzare il target e allargare il giro delle lezioni e delle passeggiate, senza pretendere di mettere prima i clienti sotto processo per capire se sono proprio persone fantastiche come noi. Smetterla di fare gli hippy fuori tempo che tolgono a mano le zecche per non usare gli antiparassitari e impiegano dieci volte il giusto a domare un puledro per non traumatizzarlo poverino e muoiono di freddo dall'autunno alla primavera e si rovinano le mani e mangiano sempre la stessa roba e alla sera crollano sul letto senza neanche più la forza di prendere la macchina e andare a un cinema o a un ristorante a Roma una volta al mese. Farsi venire un minimo di spirito *imprenditoriale*, madonna.»

«Cosa c'entra con noi lo spirito imprenditoriale?» ho detto, come avrei potuto chiederle cosa c'entravo io con lei o lei con me. Ho detto «E il target?», cercavo di ridere. Ho detto «Non lavoriamo e viviamo da anni per non sentire mai più di queste parole?».

Lei non ha risposto, ma il suo profilo e il suo corpo intero erano una risposta abbastanza eloquente.

Ho detto «La nostra ragione di stare in campagna con i cavalli non era fare solo quello che ci suscita immaginazione e divertimento e passione, e lasciar perdere tutto il resto?».

«Certo» ha detto Anna, con uno sguardo dritto da sfinge realista. Ha detto «Certo, certo, certo».

Ma avrei voluto sapere quanta immaginazione e divertimento e passione c'erano ancora nella mia vita; avrei voluto un quadro dei nostri sentimenti altrettanto preciso delle radiografie ed ecografie che mi avevano fatto in ospedale.

Tre

Dopo un paio di giorni è stato chiaro che Anna non si sbagliava affatto nelle sue anticipazioni delle difficoltà che avremmo avuto. I miei dolori sono peggiorati invece di migliorare, forse anche perché non riuscivo a stare fermo e non volevo prendere nessuno degli analgesici che Anna mi metteva sul comodino e sul tavolo della colazione. «Allora non ti lamentare» mi diceva, con la boccetta in mano e una luce esasperata negli occhi. «Chi si lamenta» dicevo io; mi sembrava di avere bisogno di un malessere dai contorni precisi per non perdere di vista quello molto più vasto e indefinito appena sotto la superficie. Di notte mi rivoltavo nel letto senza trovare mai la posizione giusta, finché Anna si svegliava e sbuffava e si metteva a sedere e diceva «Cosa c'è ancora?» e io dicevo «Niente, niente» e restavamo tutti e due sdraiati quasi immobili con il cuore che ci batteva convulso e la testa piena di domande senza risposta e le gambe piene di crampi, a tenerci svegli e sobbalzare alla prima piccola scossa del materasso provocata dall'altro.

Il tempo ha continuato a incattivire nel modo più squilibrato per la stagione, al punto che un mattino ci siamo svegliati e i prati e le colline erano coperti di neve. I cavalli rinaturalizzati al pascolo avevano un'aria allibita, quelli denaturati nei box tremavano sotto le gualdrappe e smaniavano per avere altro cibo; il telefono continuava a suonare per comunicare disdette di lezioni e passeggiate. La neve si è sciolta in poche ore, ma il freddo e il vento sono rimasti. Spingere una carriola piena di letame mi costava una fatica strenua e sollevare un forcone di fieno era ai limiti delle mie risorse; ma non era niente rispetto al senso di estraneità che provavo.

La mia ex moglie è venuta a portare mio figlio Paolo per il week-end, quando è andata via mi ha detto «Cerca di rimetterti, Luca», come se si riferisse solo marginalmente ai danni fisici della caduta. Ho chiesto a mio figlio se gli sembravo strano, ma non aveva voglia di pensarci né di essere sincero, ha detto «No, papà» solo per chiudere la questione.

Il giorno e mezzo che ho passato con lui è stato un esercizio di delusione prolungata, dove non riuscivo a trovare una sola idea o frase o gesto in grado di catturare la sua attenzione e tenerla per più di cinque secondi di seguito. L'ho convinto ad aiutarmi in qualche lavoro, ma il suo interesse per quello che facevo sembrava dissolto quanto il mio. Gli domandavo cose che in realtà avrei dovuto chiedere a me stesso: dicevo «Non sei contento di essere in campagna?»; dicevo «Non è bello? L'aria e lo spazio aperto?»; dicevo «Non ti piace l'odore del fieno e della cacca di cavallo e del fumo di legna? La differenza tra stare dentro e stare fuori? I suoni che viaggiano lontano?»; dicevo «O preferisci il puzzo delle macchine e il rumore meccanico continuo e la temperatura costante e l'aria densa che non cambia se sei in casa o in strada?».

Lui faceva di sì o di no con la testa, aspettava che la mia ansia di risposte si esaurisse da sola. Dicevo «Perché non dici quello che *pensi*, madonna?» Lui diceva «Ma lo *dico*». Dicevo «Sono un padre così maniaco e insopportabile?». Lui si puliva le mani una contro l'altra e sui lati dei calzoni e guardava altrove: una piccola persona di undici anni stufa di dover dare troppe opinioni tutte in una volta a chi non gliene aveva mai chieste.

Anna in compenso aveva una specie di moltiplicatore di energie che la faceva andare avanti e indietro senza fermarsi un attimo, a spedire fax e discutere al telefono con la banca e con il costruttore e con agenzie e riviste specializzate e preparare cartelli e calendari e mescolare composti vitaminici per cavalli e trascinare e aprire e chiudere e spazzolare e lavare e ingrassare e sollevare e spingere e sbattere cose con una determinazione furiosa, come se dovesse tenere in movimento il mondo da sola e ci provasse anche una forma inasprita di soddisfazione. La guardavo correre da un punto all'altro e da un'attività all'altra, non riuscivo a capire quando le ragioni del nostro essere insieme avevano cominciato ad agire su di noi in modi così divergenti.

Il centro di equitazione naturale mi pareva sulla via di trasformarsi in uno dei tanti campi di prigionia per cavalli, dove gli esseri umani vanno a prendersi le loro rivalse sulla natura e a soggiogare l'istinto animale e incanalarlo in esercizi inutili. C'erano segnali dappertutto, come i sintomi di una mutazione in atto: le sbarre bianche e rosse degli ostacoli nel rettangolo, i sacchi di cemento e i tondini di ferro accumulati vicino allo spiano per le nuove scuderie, il parcheggio allargato con la ruspa in vista di una moltiplicazione di frequentatori. Mi sembrava assurdo averlo lasciato succedere senza fare molto più di una resistenza passiva, essermi ostinato a lavorare nel mio modo di sempre mentre Anna cambiava e si riempiva di rancore e scopriva metodi e obbiettivi molto più realistici. Non capivo come avevo potuto pensare di essere ancora fuori dalle regole del mondo, quando le regole del mondo mi avevano già richiuso l'orizzonte da tutti i lati.

Domenica il tempo è migliorato, e la situazione ha avuto una forte accelerazione negativa. La mia ex moglie è venuta alle dieci di mattina a riprendere mio figlio per portarlo alla festa di un suo compagno di scuola; li ho guardati andare via e mi sono sentito ancora peggio del solito, un pessimo padre egoista e immaturo che si aspetta slanci di ammirazione e affetto senza aver mai fatto il minimo sforzo di uscire dal suo territorio.

Verso le undici il parcheggio allargato ha cominciato a riempirsi di automobili, e mi sembravano quasi tutte più nuove e lunghe e lucide di quelle che conoscevo. Guardavo la gente che scendeva: gli stivali e le giacche, gli sguardi di possesso appena temperati da un'incertezza temporanea di movimenti. Anna è diventata ancora più energica ed efficiente; proiettava intorno saluti e istruzioni e raccomandazioni e comandi, camminava a passi da battaglia tra persone e macchine e animali e costruzioni, stabiliva collegamenti e rapporti. Mi suscitava un misto di rabbia e pena e sensi di colpa e imbarazzo; mi faceva venire voglia di tenermi ai margini della scena, diventare invisibile.

Ho risposto a qualche domanda di vecchi frequentatori sulla mia salute e sono andato a stendere un filo di ferro ai confini del pascolo piccolo, perché parlare di cavalli mi costava più che reggere i chiodi a U e battere il martello con una scossa di dolore a ogni colpo. Continuavo a guardare due ragazzetti in tenute miniaturizzate da caccia alla volpe, vicini al loro padre probabile avvocato o manager di qualche società del parastato che camminava su e giù nelle sue scarpe inglesi e si premeva all'orecchio un telefonino quasi invisibile. Cercavo di ricostruire come erano arrivati da noi; perché non li avevo mandati via subito come avevo fatto per anni con tutti i possibili frequentatori del loro genere.

Anna mi è arrivata vicino tirandosi dietro un cavallo per la cavezza; ha detto «Allora?».

«Allora» ho detto, continuavo a trafficare con il filo di ferro.

«Come va?» ha detto lei, con uno sguardo-sonda affrettato da mille incombenze pressanti.

«Benissimo» ho detto.

«Perché non vieni là con la gente?» ha detto lei. Ha grattato il muso del cavallo, ha detto «Il filo lo puoi mettere dopo».

«Lo metto adesso» ho detto.

Lei mi ha guardato ancora un istante e ha alzato le spalle, ha continuato con il cavallo a traino verso la selleria.

E non volevo affatto essere villano con lei, ma l'estraneità e lo stupore che avevo dentro non mi lasciavano altro spazio. Ero diventato una specie di sismografo umano, in grado di rilevare vibrazioni più che parole: avevo i nervi che mi facevano male tanto erano sensibilizzati.

Ho continuato a lavorare alla recinzione, contro l'incapacità che avevo di concentrarmi. Ogni pochi minuti mi fermavo, guardavo una probabile annunciatrice della televisione che strigliava una cavalla hannoveriana troppo grossa per lei, senza smettere per un attimo di controllarsi in un monitor interiore i capelli sbiondati e gli occhiali da sole da formica combattente e il naso mozzo e il sedere sostenuto dai pantaloni elastici. Anche un paio di vecchi frequentatori la osservavano a mezza distanza, e la loro ironia mi sembrava infinitamente più debole dell'attrazione

43

incontrollata negli occhi dei frequentatori nuovi. Pensavo che lo spirito del posto se n'era già andato; che non c'era più verso di riaverlo indietro.

Anna è tornata verso di me, tutta vibrante di impazienza e concretezza; ha detto «Ci sarebbero da fare un paio di lezioni agli ostacoli, se te la senti. Io devo portare fuori il gruppo in passeggiata».

«Lo sai che sono contro gli ostacoli» ho detto. «Rovinano i cavalli, gli distruggono le giunture.» Ho detto «Li umiliano, anche».

«Sì, ma sono cavalli» ha detto lei. «E questo è un centro di equitazione.» Potevo percepire lo sforzo che le costava controllarsi: corde tese vicino al punto di rottura.

«È un centro di equitazione *naturale*» ho detto, come se mettere peso su una parola potesse cambiare quello che era già successo.

«È un centro di equitazione *e basta*» ha detto Anna; si è girata a fare un cenno verso il gruppo già pronto in sella tra il parcheggio e la club-house.

Ma stavo viaggiando all'indietro, lungo il processo chimico che porta due persone che un tempo non si conoscevano neanche a parlarsi con un'esasperazione così intima e sommessa, da esseri simbiotici logorati dalla propria simbiosi. Pensavo alla colla invisibile che continua a legarli anche quando le ragioni creative e gioiose e ottimistiche del loro stare insieme si sono dissolte da un pezzo: ai filamenti resistenti di abitudine e familiarità e autoinganno, paura del vuoto.

Anna mi guardava; l'articolazione delle sue ginocchia era in continuo movimento. Ha detto «Allora d'accordo?».

Ho fatto di sì con la testa, come a qualcuno di cui non capivo la lingua né i lineamenti, né il motivo di fissarmi così insistente a così breve distanza.

Lei si è girata per andare a raggiungere il gruppo: le

ho guardato le gambe forti e il sedere compatto da cavallerizza, la schiena e le spalle dritte nella giacca a losanghe, la testa tenace nel cap di velluto nero. Non mi sembrava che aspirasse a diventare questo tipo di donna quando l'avevo conosciuta, e nemmeno che se l'immaginasse come un possibile sviluppo della sua condizione di assistente precaria nella facoltà di sociologia. Adesso si muoveva tra i suoi allievi piena di competenza focalizzata, attenta alle posizioni dei talloni e delle mani di ognuno come se fossero i parametri su cui si fondava l'equilibrio dell'universo intero. Mi chiedevo quale tipo di sospensione della capacità critica può avere luogo in una convivenza stretta; quale forma di tolleranza patologica o di sensibilità assordata possono impedire a uno di accorgersi della metamorfosi della persona che gli piaceva in una che non gli è nemmeno più vagamente simpatica.

Ho continuato a guardarla mentre guidava la fila indiana di cavalieri fuori dal cancello e per la strada che porta ai pascoli, e non riconoscevo curiosità né attrazione né slanci né dubbi né somiglianze né tenerezze né imbarazzi né sorrisi nella sua figura vista di profilo: niente.

La probabile annunciatrice della televisione è venuta a chiedermi se potevamo cominciare la lezione agli ostacoli, e il probabile manager del parastato padre dei due ragazzetti vestiti da caccia alla volpe ha cominciato a farmi anche lui cenni di richiamo. Ho socchiuso gli occhi, senza muovermi; non avevo sentimenti definiti, solo tracce smozzicate di impressioni e osservazioni, perfino stupide battute di spirito.

Poi mi sono girato in direzione di un rumore, e ho visto la vecchia macchina furgonata rossa che arrivava a tutta velocità lungo la strada: ha frenato con un forte stridio quasi in fondo alla recinzione, è tornata indietro. La tipa bionda con i capelli a treccia che si chiamava Alberta si è affacciata al finestrino, ha gridato «Ehi!».

«Ehi» ho detto, con un tentativo bloccato a metà di alzare il braccio sinistro. La guardavo a distanza, senza capire se il nostro scambio di saluti poteva concludersi lì o richiedeva qualche genere di elaborazione. Lei è rimasta affacciata al finestrino, così sono andato fino alla staccionata anche se il padre dei due ragazzetti mi diceva «Scusi?» alle spalle nel suo accento ottonato. Alberta ha sporto una mano, ma nelle mie condizioni non riuscivo a toccargliela da dov'ero. I suoi zigomi erano alti come me li ricordavo, i suoi occhi ridenti e comunicativi, le sue sopracciglia formavano due archi più dorati dei capelli biondocenere tirati indietro con forza. Ha detto «Come va?». Il bambino seduto di fianco a lei mi fissava senza muoversi, il mezzo terrier saltava avanti e indietro e abbaiava nel suo registro aspro.

«Così» ho detto; mi sembrava che le bastasse darmi un'occhiata.

Lei ha detto «Mi hai fatto prendere un accidente, l'altro giorno. A un certo punto lungo la strada per Roma ti ho guardato, e sembravi *morto*. Non sapevo neanche se dovevo portarti all'ospedale o dove, madonna». Parlava con slancio, muoveva la testa e le spalle e le mani sul volante, sorrideva; ha detto «Dopo tutto quello che era già successo, anche il cadavere di uno sconosciuto in macchina».

Mi è venuto da ridere, per le immagini che evocava e per il suo tono amichevole, senza tanti giri; la contrazione di muscoli mi ha fatto male, ho detto «Ahia!».

«Ma povero» ha detto lei. Sembrava una grande bambina mezza straniera, comunicativa e distratta e naturale, mossa da istinti positivi.

Ho detto «Sei tornata per un altro round con il vecchio Riccardo?».

«Se n'è andato» ha detto lei. Ha fatto un gesto per indicare sparizione; ha detto «Sembrava che volesse restare chiuso lì dentro per sempre, e invece ieri di colpo mi ha telefonato per dirmi che se ne andava». Ha detto «Così».

«Sembrava inamovibile» ho detto, con un'immagine della loro lotta di cervi vista dal pianale della macchina furgonata.

«Invece no» ha detto Alberta Guardava in direzione di casa sua, poi mi ha guardato; ha detto «Vuoi venire con noi a dare un'occhiata? Così mi aiuti a reggere lo choc?».

«Scu-si?» ha gridato la voce d'ottone del probabile manager del parastato dietro di me. «Scu-si?» ha gridato la voce pelle-di-squalo della probabile annunciatrice televisiva. Mi sono girato, nel modo carrucolato che mi veniva dalla caduta: i miei aspiranti allievi di salto agli ostacoli erano uniti in un piccolo fronte comune. Il padre dei due cacciatorini di volpi ha detto «Siamo qui, eh? Quando vuole».

Gli ho fatto un gesto senza significati, scuotevo la testa in modo impercettibile.

«Se hai da fare non importa» ha detto Alberta. Ha detto «Un'altra volta».

«No, no, vengo» ho detto; sono andato verso il cancello, pensavo alla facilità con cui solo pochi giorni prima avrei potuto scavalcare invece la staccionata.

Il bambino è sgattaiolato dietro sul pianale insieme al cane che abbaiava più concitato; Alberta ha tirato e scosso e spinto la portiera finché è riuscita ad aprirla, ha detto «Hai visto che l'ho fatta aggiustare, più o meno?».

Sono salito, con una cautela che mi serviva anche da filtro minimo di protezione, ho fatto un cenno di saluto al bambino.

«Lui è Arturo» ha detto Alberta. Ha indicato anche

il cane, ha detto «Lui è Speke». Il cane ha abbaiato e il
bambino non si è mosso, mi fissavano tutti e due.
«Luca» ho detto.
Alberta si è puntata un dito al petto, ha detto «Alberta».
Ho detto «Lo so». Ho detto «Se guidi come l'altra
volta, mi butto giù».
«Vado piano, vado piano» ha detto Alberta, guardava i miei aspiranti allievi increduli vicino al rettangolo.

La casa bassa aveva una qualità attonita di abban-
dono, che cominciava dal giardino dove un glicine
aveva trascinato a terra metà dei sostegni della sua
pergola tra l'erba e le piante da fiore morte e continuava dentro, nella cucina senza sedie disseminata
di piatti e bicchieri sporchi e vecchie lettere e fotografie e libri e barattoli vuoti di yogurt e boccette di me-
dicine senza tappo. C'era un blocco di fogli a quadretti vicino a un telefono, con una lista di ragioni
numerate una a una: parole-chiave e date e nomi con
a fianco punti interrogativi ed esclamativi, piccoli disegni maniacali ripassati a biro fino a bucare la carta.
Sembrava l'avamposto abbandonato di una guerra di
posizione, con ancora nell'aria l'odore di sangue e
polvere da sparo e rancio riscaldato, echi di accuse e
minacce e autocommiserazioni e ricatti, convinzioni
mandate avanti contro il fuoco di sbarramento nemi-
co, secondi e terzi e ultimi tentativi, ritirate simulate.
Alberta ci si aggirava perplessa; toglieva briciole di
pane da un foglio, spostava una scatola da scarpe
piena di vecchie spine elettriche e interruttori conser-
vati per chissà quali possibili riusi, raccoglieva un libro e lo lasciava ricadere come se fosse troppo pesante per reggerlo tra le dita. Ma il vigore naturale dei

suoi gesti e la solidità del suo corpo e la sua buona disposizione di base sembravano proteggerla in qualche modo dallo squallore che aveva intorno, le davano luce rispetto alla polvere e agli oggetti rotti. Ha indicato una zona chiara su una parete, ha detto «Lì c'era una credenza che avevamo preso in Toscana»: in un tono più di stupore che di rammarico.

Ho mosso appena le labbra; avevo lo stomaco contratto dalla violenza silenziosa della scena, le mie stanze mentali ne erano schiacciate.

Il cane Speke annusava gli oggetti sparsi sul pavimento come se avesse paura di scottarsi: allungava il collo senza muovere le zampe. Anche il giovane Arturo sembrava in attesa di uno scoppio ritardato; a un certo punto ha detto «Dov'è papà?», guardava verso la porta.

«In città» ha detto Alberta. «Lo vedi domani.»

Ho aperto una porta-finestra che dava sul giardino, ho preso un respiro fondo. Pensavo a quando me ne ero andato via da mia moglie e da mio figlio dopo avere mangiato con lei tortellini allo yogurt mentre lui dormiva e avere parlato d'altro come se avessimo tutto il tempo del mondo e poi di noi come se avessimo solo dieci secondi, e mi ero ritrovato in strada con una valigia piena di cose che non mi servivano e non volevo, e una macchina di carabinieri mi aveva fermato perché secondo loro camminavo strano. Pensavo alle altre situazioni che in passato mi erano sembrate permanenti e che di colpo invece erano finite, senza nessun passaggio intermedio per preparare o attenuare o dare un senso al vuoto di subito dopo. Pensavo al profilo di Anna in testa alla cavalcata che usciva; avevo una miscela di distacco e paura, desiderio di fuga, bisogno di conforto.

Alberta è passata dalla cucina al soggiorno e l'ho seguita, tra i cuscini senza fodera e i giocattoli del giova-

49

ne Arturo e le calze bucate e la polvere a fiocchi, i rettangoli più bianchi sulle pareti dove Riccardo aveva staccato quadri o manifesti prima di andarsene. Senza pensare ho detto «Ma ci siete stati anche bene, qui?».

Alberta si è girata, con una buffa piega agli angoli della bocca; ha detto «Boh».

«Non parlo di un breve periodo» ho detto. «E neanche di un arcipelago di brevi periodi circondato da un mare di non-stare bene. Parlo di un tempo lungo e largo, senza interruzioni.»

Lei si è tirata la treccia con due dita, ed era una treccia ancora più lunga di come mi era sembrata, le arrivava al sedere. Ha detto «Non lo so. Con quest'ultimo anno allucinante che abbiamo avuto».

«Se lasci perdere l'ultimo anno» ho detto. Avevo troppo bisogno di parlare, e il fatto che lei mi avesse coinvolto in modo così selvaggio nella sua crisi familiare mi dava un'autorizzazione morale a continuare. Ho detto «Se lasci perdere da quando le cose hanno cominciato ad andare male. Ti rimane un tempo abbastanza lungo e largo da giustificare un viaggio attraverso tutto il non-stare bene? Se ci fosse una zattera o una canoa per tornarci?».

Alberta ha scosso la testa, faceva fatica a stare ferma. Ha detto «Non lo so. Ma che domande fai?».

«Domande» ho detto, con la testa piena di domande. Ho detto «Comunque la risposta è sì?».

«La risposta è non so» ha detto lei, in movimento verso un altro punto della stanza. Ha detto «Forse all'inizio».

«E sei sicura?» ho detto. «Uno stato continuo di immaginazione e divertimento e passione e pura gioia di essere nello stesso posto e nello stesso momento, senza interruzioni né pause neutre né pause negative dilaganti?»

50

Alberta ha riso, ha detto «Perché tu nei hai avuti tanti, di periodi così?».

«No» ho detto.

Lei camminava per il soggiorno, raccoglieva oggetti da terra o li spostava con un piede, dava istruzioni di comportamento al bambino, mi guardava. C'era un'estrema naturalezza in tutto questo, eppure la comunicazione tra noi sembrava limitata dalla sua tendenza a mettere sullo stesso piano ordini diversi, raccogliere segnali su vari canali e seguirli con uguale attenzione. Non ne ero del tutto sicuro: mi sentivo come uno dei miei allievi che davano di talloni al cavallo e intanto si aggrappavano alle redini; avevo una sindrome da redini tirate, per quanto cercassi non riuscivo ad allentarle del tutto.

Ho detto «Secondo te è sempre dal *dopo* che si legge una storia tra due persone? Da come è diventata, a ritroso verso l'inizio?».

Lei guardava fuori dalla porta-finestra: suo figlio che nel disordine del giardino si faceva inseguire dal cane Speke tra strilli e abbaiamenti. Ha detto «Oh, ma sei sempre così, o ti ha preso questa vena oggi?».

Ho detto «Non lo so». Ho detto «È che mi sembra di avere avuto la testa piena solo di cavalli e di cose per anni di seguito. Senza nessuno spazio per pensare, fino all'altro giorno».

Lei ha provato ad accendere con il piede una lampada a stelo: non funzionava.

Quando la sua distrazione prevaleva sulla sua curiosità provavo un senso di insicurezza estrema; eppure c'era stata una fase della mia vita in cui ero stato in grado di comunicare facilmente quasi con ogni tipo di donna, se mi ricordavo bene. Ho detto «Comunque il vecchio Riccardo all'inizio era un altro, no? Una versione molto migliore di se stesso?».

«Sì» ha detto Alberta, affacciata dentro il cono della lampada a stelo. Ha detto «Non aveva niente di quello che hai visto l'altro giorno».

«E com'era?» ho detto.

«Sembrava il tipo più libero del mondo» ha detto lei. Si è messa a svitare la lampadina; ha detto «Non aveva un rapporto fisso con nessun giornale, non aveva una casa né orari né niente. Dormiva da sua madre o dai suoi amici, scriveva sul tavolino di un bar o in qualunque altro posto, non mangiava quasi, beveva e fumava e prendeva pillole come un matto. Due volte su tre non gli pubblicavano i pezzi perché dicevano che non c'era spazio, e non gliene importava niente».

Facevo di sì con la testa, ma avevo una forma di nostalgia acuta per il tempo che era scorso via da allora, anche se era tempo suo e di Riccardo.

«Sì» ha detto Alberta. Ha tolto la lampadina, l'ha guardata contro la luce della porta-finestra, se l'è scossa vicino all'orecchio. Ha detto «Quando è venuto a stare da me teneva le sue cose in una valigia, per sentirsi sempre pronto a partire. Non riusciva a stare fermo più di due giorni di seguito. Magari prendeva il treno e si faceva tre ore di viaggio per andare a vedere il tramonto a Napoli, non so. O andava a Trieste per cercare un libro in una biblioteca, stava via tre giorni. Andava al mercato dei fiori di Orvieto e tornava con un mazzo enorme di tulipani. Qualunque scusa pur di muoversi. A un certo punto aveva deciso che non voleva più scrivere per i giornali, si era messo in testa di imparare a fare il pane da un panettiere di Todi che aveva intervistato. Tornavo a casa dal lavoro e non ero mai sicura di trovarlo, tanto aveva la testa piena di cose da fare e posti dove andare».

«E ti dispiaceva?» ho detto. Pensavo che la mia nostalgia in realtà non era per lo scorrere del tempo, ma per il fatto che anche tra loro ci fossero stati dei sentimenti vivi; che perfino uno come Riccardo avesse avuto una fase leggera e sorprendente nella sua vita. Mi faceva sentire tradito alle spalle e pieno di limiti percettivi, ancora più in disordine.

«Mi metteva ansia» ha detto Alberta. Ha posato la lampadina per terra; ha detto «Ma era simpatico. Carino, anche». Ha detto «Magro da far paura».

«E poi?» ho detto.

«Poi è cambiato» ha detto lei. È andata in cucina come se volesse uscire dall'argomento e dalla conversazione, ma è tornata con una scatola di cartone, ha cominciato a buttarci dentro tutti i piccoli oggetti che trovava sul pavimento.

«Poco alla volta?» ho detto. Ho raccolto un paio di forbici da terra, le ho messe nella sua scatola; ho detto «In un modo così graduale che non te ne sei neanche resa conto?».

«Non tanto graduale» ha detto lei. «A un certo punto mio padre se n'è andato a vivere in montagna e ha lasciato questa casa a me e a mia sorella e mia sorella era via e la casa era vuota, così abbiamo deciso di venire a starci io e Riccardo. E un paio di settimane dopo il giornale gli ha offerto la rubrica fissa dei commenti sul calcio. Lui all'inizio non ne voleva sapere, diceva che gli sembrava la schiavitù pura. Poi invece ci ha ripensato e ha detto che lo faceva solo per sua madre, e nel giro di pochissimo è diventato la persona più intanata e noiosa e possessiva del mondo. Si è messo a stare tutto il giorno davanti alla televisione o al computer, non voleva neanche più fare una passeggiata di dieci minuti. Andava in paese solo per comprare il giornale e rileggersi i suoi pezzi stampati.»

«E con te?» ho detto.

«Con me ha cominciato a cercare di fare il padrone» ha detto lei. Oscillava sulle anche, guardava il pavimento; ha detto «Fino al giorno prima era un bambino fragile e difficile che ha bisogno di essere coccolato e nutrito e capito se non lo si vuole lasciar morire di fame o di freddo o di pillole o di pura tensione nervosa, e il giorno dopo era lì che voleva decidere tutto lui. Sai a farmi scene di gelosia ogni volta che dovevo andare in città per lavoro? A dire che le donne non dovrebbero lavorare, che vendere mobili è quasi come battere i marciapiedi?».

«Vendi mobili?» ho detto.

«Li trovo e li riparo, se riesco li vendo anche» ha detto lei, senza rallentare. Ha detto «Si è messo a farmi scene ogni volta che mettevo su un disco o una cassetta perché non sopportava più la mia musica, anche se all'inizio stava ad ascoltarla per ore e diceva che era fantastica. Si è messo a farmi scene perfino se cercavo di leggere un libro, visto che lui non leggeva più niente a parte i giornali sportivi. Si è messo a dire che i nostri soldi li doveva gestire lui visto che era l'unico con uno stipendio fisso, anche se all'inizio vivevamo solo con i miei e lui diceva che il denaro non contava niente».

«E tu?» ho detto. «Perché cavolo ci sei rimasta, se era diventato così?»

Lei ha alzato le spalle; ha raccolto delle puntine da terra. Ha detto «Eravamo qui insieme, non so». Ha detto «Non me l'aspettavo». Ha detto «Pensavo che fosse solo una fase».

«Invece è peggiorato?» ho detto.

Lei ha fatto di sì con la testa; si è grattata una coscia. Ha detto «Poi ha cominciato a dire che dovevamo assolutamente sposarci. Mi ha rotto l'anima per conoscere i miei ed essere presentato ufficialmente eccetera. Gli era venuta questa smania di diventare come suo padre, non so, e *odiava* suo padre quando ci siamo conosciuti. Quando è nato Arturo è diventato ancora peggio. Sai il cavolo di marito italiano che vuol fare il figlio di mamma e il sultano nell'harem e pretende attenzione come se fosse sempre malato e non muove mai un dito per aiutare in niente e vive solo di questioni di principio?»

«Sì» ho detto. Pensavo che non mi sembrava di essere mai stato questo genere di uomo, con tutti i miei difetti e mancanze e vuoti di comportamento, eppure ero riuscito lo stesso a riempire di ragioni di scontentezza le donne della mia vita. Pensavo a come Anna era esasperata proprio dal fatto che mi ostinavo a non assumere con lei nessun ruolo da marito; a come quello che io chiamavo un rapporto alla pari per lei era solo una fuga dalle mie responsabilità specifiche di maschio.

Alberta ha detto «Poi alla fine mi sono rotta di tutta la storia e gli ho detto che non ne volevo più sapere e che me ne andavo, e lui ha cominciato a buttarsi per terra e a dire che allora cambiava completamente. Hai visto anche tu le scene, dopo quasi un anno».

«Ma come succedono queste cose?» ho detto.

«Perché le donne sono sceme» ha detto lei. Sorrideva, ma era furiosa, nel suo modo da orsa-bambina comunicativa e aperta; ha detto «Perché crediamo a tutte le balle che voi ci raccontate».

«E perché vi raccontiamo balle?» ho detto.

«Per scoparci e tenerci buone e farvi riempire di attenzioni» ha detto Alberta. «Poi vi stancate anche di raccontare balle, però. Una volta che siete sicuri della situazione. Vi costa troppa fatica anche quello, dopo un po'.»

«Ma non è sempre così» ho detto. «Non è che siamo proprio come due specie animali diverse.»

«Mia sorella dice di sì» ha detto Alberta. «Dice che alla fine siamo totalmente incompatibili, se guardiamo sotto a tutte le parole e gli atteggiamenti e lo smalto finto dei primi tempi.»

«Incompatibili in che senso?» ho detto, anche se avevo i nervi acustici e ottici saturi di esempi di incompatibilità molto recenti.

Alberta mi ha guardato di taglio, cercava di capire se le mie erano domande autentiche. Ha detto «Mia sorella dice che gli uomini hanno bisogno di agire continuamente *contro* le cose e le donne invece cercano di capirle, e tutto quello che c'è di mezzo sono solo degli sforzi di adattamento da una parte o dall'altra».

«In che senso agire contro le cose?» ho detto, perché mi sembrava una distinzione strana, di tutte quelle che si potrebbero fare.

«Lei dice tutto lo scavare e cercare e rivoltare e cacciare e sfidare ed esplorare e scoprire e modificare e trafficare che fate» ha detto Alberta. «Tutte le vostre invenzioni e invasioni e guerre e sfide e competizioni e tutto il resto.»

Ho detto «Però conosco un sacco di donne che agiscono contro le cose quanto un uomo, non riesci a fermarle un istante».

Alberta ha alzato le spalle di nuovo, ha detto «Secondo mia sorella sono sforzi di adattamento. Per sopravvivere e non farsi schiacciare completamente dagli uomini».

«E secondo te?» ho detto. Nello stato danneggiato in cui ero avevo un bisogno intenso di essere trattato con benevolenza: di essere giudicato meglio dei miei consimili, considerato attraente.

«Io sono ancora qui che aspetto» ha detto Alberta. Ha detto «Come una scema». Ha detto «Continuo a farmi imbrogliare».

Ho detto «Però non è *sempre* un imbroglio». Ho detto «O almeno non un imbroglio *consapevole*». Ho detto «Qualche volta uno ci crede davvero. Ci credono tutti e due, sono convinti di avere trovato la persona meravigliosa della loro vita».

Alberta si è chinata a raccogliere dal pavimento un vasetto sbeccato, sembrava distratta di nuovo.

Ho detto «E ognuno dei due cerca davvero di corrispondere a quello che l'altro si aspetta, no? Come se potesse chiedere alla vita una chance di essere migliore o comunque diverso da quello che è sempre stato». Ho detto «Fa questo sforzo estremo, più grande che per adattarsi a qualsiasi nuova scuola o nuovo lavoro o nuova città».

Alberta ha detto «Ahà»; guardava il pavimento, con la sua scatola di cartone in mano.

Ho detto «Poi è come se ci fosse una calamita gigante che lo riporta indietro a quello che è davvero. A quello che è inevitabile che sia. E l'altro quando se ne rende conto pensa di essere stato imbrogliato, e si riempie di rabbia per tutta la fatica che ha fatto».

«Forse» ha detto lei; ha raccolto una biro da terra, un rotolo di nastro adesivo, una fotografia in bianco e nero, un cacciavite, un tappo di birra. Aveva un modo di piegare la schiena e allungare la mano senza flettere le ginocchia: ogni gesto cadenzato come in uno strano tipo di pesca.

Ho detto «Succede così, no?».

Lei si è girata a guardarmi. Sembrava incerta; ha detto «A me quasi sempre. E a te?».

«Anche a me» ho detto.

Subito dopo ci siamo messi a ridere. Ero stupito dall'assenza di ruoli tra noi: da come non c'erano posizioni da difendere né tesi da dimostrare né atteggiamenti da sostenere. Non riuscivo a ricordarmi da quando non avevo una comunicazione così fluida e libera con qualcuno; da quanti anni.

Lei è andata verso la cucina, ha detto «Non avresti voglia di bere qualcosa?».

L'ho seguita, sono rimasto sulla porta a guardarla frugare nella confusione di una dispensa saccheggiata, tra ex pacchetti di pasta e cartoni scaduti di latte a lunga conservazione e bottiglie vuote e scatole e barattoli traboccanti di chiodi e viti. Non sembrava scoraggiata né fiduciosa di trovare qualcosa, frugava tra gli scaffali con una forma di curiosità per le scorie della sua vita matrimoniale; poi ha detto «Ha!» e ha tirato fuori una bottiglia di vino rosso, mi ha guardato con un sorriso straordinariamente aperto.

Siamo rimasti fermi un secondo o due, nella familiarità fatta di niente eppure densa come l'aria che sentivo sulla pelle e sulla superficie dei pensieri. Lei ha detto «Non è incredibile?» con la bottiglia in mano.

Abbiamo cercato tutti e due nei cassetti e sulle mensole e sul pavimento della cucina finché lei ha trovato un cavatappi con un solo braccio e ha aperto la bottiglia, ha versato il vino in due bicchieri opachi. Li abbiamo fatti tintinnare e abbiamo preso un lungo sorso tutti e due; ed erano anni che non bevevo vino, tra Anna e la mia ricerca di una vita integra, è andato in circolo ad addolcire ancora la situazione.

Ho detto «Si sta bene». Non sentivo quasi i dolori della caduta, mi muovevo quasi con la stessa facilità con cui respiravo.

«Sì» ha detto Alberta, in un tono simile al mio. Mi ha fatto un cenno ed è uscita dalla porta-finestra, sul prato malridotto dove il giovane Arturo e il cane Speke si contendevano una palla.

Siamo stati lì fuori, senza fare altro che bere il vino rosso e guardare il bambino e il cane; non ci muovevamo quasi. Il sole era tiepido, l'aria piena di trilli e tocchi e piccoli sforbiciamenti di uccelli; la concretezza tutta gesti concatenati e pesi e contrappesi del centro di equitazione mi sembrava lontana anni luce.

Poi il giovane Arturo ha cominciato a protestare

che aveva fame, e Alberta è rientrata in cucina e io l'ho seguita, l'ho aiutata a raccogliere pasta di cinque o sei varietà diverse dagli avanzi di pacchetti nella dispensa. Lei ha trovato nel freezer una busta di piccoli pomodori che aveva coltivato nell'orto e surgelato l'anno prima, e in un armadio una bottiglia con due dita d'olio e una tazzina da caffè mezza piena di sale, un vasetto di origano. Ero pieno di ammirazione per come le sue intenzioni si trasformavano in fatti senza quasi incontrare attriti, per la casualità allegra con cui mescolava ingredienti e li scaldava sul fuoco e si puliva le mani sui calzoni e prendeva un altro sorso di vino. Mi sembrava di avere passato anni interi in uno stato insostenibile di tensione, in confronto: contratto e muscolarizzato per affrontare ostacoli e reggere sforzi e vincere resistenze che si riformavano senza fine.

Siamo usciti a mangiare la pasta nel giardino, seduti su una poltrona e due sedie superstiti dalle gambe incerte. Io e Alberta parlavamo a frasi corte o a singole parole, socchiudevamo gli occhi nella luce calda. Il bambino si sporcava di sugo, si alzava, lasciava che il cane gli rubasse nel piatto; Alberta ogni tanto gli diceva qualcosa, ma senza alzare molto la voce e senza cambiare sguardo, senza uscire dal clima del nostro stare vicini. Mi ha raccontato del suo lavoro di trovare vecchi mobili e rimetterli a posto e venderli alle fiere o a negozi; io le ho raccontato del centro di equitazione naturale, di come si era trasformato negli ultimi tempi senza che quasi me ne accorgessi. Non c'era bisogno di entrare in molti dettagli: bastava l'intonazione di una parola, o lo sguardo che l'accompagnava, e le nostre intere persone vibravano in accordo. Ridevano, facevano di sì con la testa. Era una chimica facile, così diversa dal gioco faticoso di spiegazioni circostanziate a cui ero abituato, terreno

59

conquistato e terreno concesso metro per metro, argomenti trasformati in slogan, ragioni ribadite fino a farle diventare astratte. Avevamo una comunicazione fatta di suoni e consistenze e temperature: sembrava che dovessimo solo essere lì per lasciarcene attraversare.

Abbiamo finito la bottiglia di vino, e la scena si era così illanguidita che il cane Speke mi dava quasi un'impressione di grazia con i suoi zampettamenti verticali. Non mi chiedevo da quanto ero venuto via, o quanto ancora avrei potuto restare; ero senza pensieri e senza intenzioni, senza nessuna voglia di misurare il tempo o gli spazi.

Poi il sole è scivolato dietro un banco di nuvole grigie e la temperatura è scesa di colpo, il giovane Arturo è caduto e si è messo a strillare per un ginocchio sbucciato, Alberta si è alzata per consolarlo, ha raccolto i piatti per riportarli dentro.

«Ti aiuto» ho detto, con in mano la pentola vuota come una reliquia di quando lei aveva cominciato a farci bollire l'acqua.

«Sei sicuro che non hai da fare al maneggio?» ha detto Alberta. «Sembravi così assediato, quando ci siamo fermati.»

«No, no, c'è tempo» ho detto, anche se il tempo aveva ricominciato a trascinarmi via in una corrente di richieste. Ho cercato di fare resistenza: ho insistito per lavare i piatti, ho detto «Faccio io». Ma con il polso sinistro mezzo slogato non ci riuscivo, ne ho fatto cadere uno e si è rotto.

Alberta ha detto «Lascia perdere. Non ti preoccupare».

Ero invaso di fatica e preoccupazioni pratiche di nuovo, scosso da come il sole e la morbidezza e la facilità di poco prima sembravano spariti da un istante all'altro. Ho detto «Forse in effetti dovrei tornare».

«Sì?» ha detto Alberta a un metro da me, con uno sguardo improvvisamente deluso.

Ho detto «Credo»; ho alzato le palme aperte e inarcato le sopracciglia per significare rammarico.

Poi le nostre posizioni sono cambiate senza preavviso e ci siamo baciati sulla bocca e premuti fronte contro fronte e petto contro petto e pancia contro pancia in una miscela confusa di sensazioni, e subito dopo un lampo di dolore mi ha fatto dire «Ahia!» e andare indietro di scatto.

Alberta mi ha lasciato altrettanto in fretta, è andata indietro anche lei. Ha detto «Scusa, accidenti. Non mi ricordavo»; aveva le guance arrossate, respirava corto.

«Neanch'io» ho detto. Cercavo di smaltire il male; ho detto «Davvero». Ho allungato una mano attraverso l'interruzione e la distanza ristabilita, le ho toccato una tempia. Ma il momento era andato; ho ritratto la mano mentre il giovane Arturo e il cane Speke entravano di corsa dal giardino e ci guardavano perplessi.

Avevo il fiato corto anch'io, e il cuore che mi batteva irregolare; non ero sicuro di cosa fosse successo. Avrei voluto chiederlo ad Alberta, ma c'erano il bambino e il cane tra noi, e una barriera trasparente di cose non dette.

Lei si è chinata verso il giovane Arturo che le mugolava qualche rivendicazione, ha detto «Accompagniamo Luca, che deve tornare a lavorare?».

Quattro

La notte di nuovo non sono quasi riuscito a dormire, ogni movimento mi provocava dolori e immagini e riflessioni e impulsi contrastanti. Anna si è svegliata e lamentata e rivoltata cento volte per colpa mia e alla fine è rimasta immobile al margine esterno della sua metà di letto, con il respiro da grosso animale di bosco che le veniva quando era davvero stanca. Pensavo a come ci eravamo guardati il giorno prima quando ero sceso dalla macchina di Alberta e lei si era affacciata sulla porta della selleria: a come la sua faccia e il suo corpo mi erano sembrati in grado di contenere solo sentimenti stretti, senza il minimo margine di espansione.

Mi chiedevo se era per questo che non mi suscitava più nessun desiderio di contatto: se era la sua incapacità di sorprendersi e abbandonarsi, il suo lavorio costante per vivere dentro una griglia di ragioni controllate. L'idea di fare l'amore con lei o di averlo mai fatto mi sembrava assurda; non riuscivo nemmeno più a immaginarmi i gesti o gli sguardi possibili, le possibili ragioni al di là del fatto di essere chiusi da soli nello stesso angolo di campagna. L'attenzione e l'innocenza e la vulnerabilità da territori nuovi che mi avevano attratto in lei all'inizio si erano dissolte in qualche punto tra il primo e il secondo nostro anno insieme al mio interesse vagamente predatorio, e non avevano lasciato altro che conoscenza di dettagli e capacità di prevedere gesti e anticipare reazioni. Eravamo diventati poco alla volta due soci e due fratelli, senza margini d'ombra o di curiosità; potevamo guardarci nudi la sera come guardavamo i nostri cavalli di giorno, e continuare a parlare di lavoro tra le lenzuola finché crollavamo. I nostri rapporti fisici si erano trasformati in una forma di ginnastica rituale che si sommava ogni tanto alle fatiche della giornata, una ricerca di conferme che non confermava niente tranne i brevi sorrisi automatici alla fine, quando ci guardavamo come se ci fosse qualcosa di cui essere soddisfatti. Mi dispiaceva, per me quanto per lei: per quello che avremmo voluto e che non avevamo, per le attese e l'insoddisfazione e il tempo lasciato scorrere via come acqua da un rubinetto, per la mancanza di sorprese che ci faceva diventare ostinati e insensibili e cattivi.

Mi dibattevo tra le coperte, e pensavo ad Alberta nella cucina della sua casa in sfacelo. Avevo una visione frammentata del bacio che ci eravamo dati: la scena interrotta e ripetuta da così tante angolazioni da impedirmi di farmene un'idea chiara. Confondevo gli sguardi di subito prima con gli sguardi di subito dopo; non riuscivo a dare una sequenza precisa ai suoi movimenti o ai miei, nessuna delle cose che ci eravamo detti forniva una spiegazione univoca ai fatti.

Pensavo agli equivoci che altri baci mi avevano creato in altre fasi della vita: al senso di debito istantaneo per lo slancio dall'altra parte, gli obblighi di reciprocazione e di estensione. Pensavo ai baci che mi avevano risucchiato in spirali di richieste e offerte, fino al fondo di storie in cui avrei voluto soltanto affacciarmi per un istante; ai baci che più tardi avevo sognato di poter annullare come gesti riavvolti all'indietro. Il bacio con Judith Ertieri appena scesi dalla barca a remi, dopo quella che altrimenti sarebbe stata la nostra unica gita insieme. Il bacio con la mia ex moglie in un ascensore che scendeva dall'ultimo piano dopo una festa mentre io pensavo a un'altra ragazza che era rimasta sopra e con cui avrei voluto fare un viaggio in un paese lontano. Il bacio che quattro anni prima io e Anna ci eravamo dati alla fine di una lezione a cavallo: lo choc dei due respiri e delle due consistenze mescolati e lo sbandamento di giudizio che ne era seguito, l'ansia confusa con cui la sera stessa le avevo telefonato per proporle di venire a vivere e lavorare con me.

Mi chiedevo se il mio era sentimentalismo romantico o un grave difetto di carattere; se l'infelicità che mi aveva colpito con tanta forza dopo la caduta dipendeva dal fatto che mi ero sempre lasciato travolgere dalle circostanze come se fossero il destino, invece di cercare e insistere e scegliere e decidere in base a un criterio. Mi chiedevo se muovermi a occhi aperti mi avrebbe aiutato a trovare la donna della mia vita già da anni, invece di precipitare nella vita della prima donna che mi veniva incontro e sentirmene imprigionato e fabbricare scontentezza fino a volerne solo uscire e poi ricominciare quasi subito da capo. Mi chiedevo se la donna della mia vita esisteva davvero da qualche parte o era solo un'idea venduta dalla pubblicità e dalla letteratura bassa, come la casa della mia vita e il lavoro della mia vita e la vacanza della mia vita e la macchina della mia vita e tutti gli straordinario e i meraviglioso e i per sempre e i molto di più; se era troppo tardi per trovarla. Mi sono tornate altre immagini del giorno prima a casa di Alberta: luci e gesti e sguardi percepiti da molto vicino.

Quando alla fine mi sono alzato con la vista confusa e il sistema nervoso frastornato erano le sette e mezza e Anna era già fuori dal letto e dalla camera e dalla club-house, l'odore di caffè quasi svanito dalla cucina-bar al piano di sotto. Ho pensato a come ero sempre stato io ad alzarmi per primo, l'uomo di campagna che salta in piedi alle prime luci e va a controllare i cavalli e sistema quello che c'è da sistemare e prepara la colazione per quando la sua donna di città si alza. Era tutto cambiato, ma non provavo nessuna nostalgia, solo perplessità e acciaccamento, rabbia con me stesso, desideri di fuga.

Mi sono fatto la barba nel piccolo bagno, senza riuscire a mettere bene a fuoco la mia faccia nello specchio. Mi sembrava di vedere una leggera imprecisione nei miei lineamenti, come se si fossero stancati di essere se stessi ma non sapessero bene quale altra piega prendere. Non era un effetto dell'età, ne ero quasi sicuro: da prima di venire in campagna avevo deciso di non farmi intaccare dal tempo ma anzi di migliorare contro la sua corrente, se ci riuscivo. E c'ero riuscito, perché a quarantadue anni potevo sollevare carichi più pesanti e correre più a lungo e fare l'amore con più energia e più controllo e raccogliere più sensazioni sottili dall'aria di quando ne avevo venticinque o sedici. Non provavo nessun rimpianto per l'elfo sottile e incerto che ero stato una volta: nessuna. Ma avrei voluto sapere se essere caduto male era collegato in modo pericoloso al mio rapporto con il tempo; se c'era un'incrinatura, e quanto profonda.

Poi avrei voluto sapere se anch'io avevo recitato una parte con Anna quando ci eravamo messi insieme; se avevo fatto quello che sa le cose e quello che ha vissuto e quello che ha scelto e quello che ha da spiegare e da insegnare, finché a un certo punto lei si era stancata di essere la mia spalla e aveva cominciato a scalzarmi dal ruolo principale. Avrei voluto sapere se mi ero stancato prima io o prima lei; se c'erano delle colpe specifiche o era un processo inevitabile; se sarebbe successa la stessa cosa anche con la donna della mia vita, ammesso che esistesse da qualche parte del mondo, o invece con lei non ci sarebbe stata nessuna sindrome da scatola chiusa, nessuna insofferenza crescente per le reciproche facce e voci e modi di muoversi e modi di mangiare e di dormire e di svegliarsi al mattino.

Ho provato ad alzare il braccio sinistro nello spazio ristretto, il male alle costole mi ha tagliato il fiato a metà. Ho dato un calcio alla parete di legno: non serviva a migliorare il mio senso di non-contatto. Avevo finito per convincermi di essere infrangibile, da quando lavoravo con i cavalli; ero caduto forse cento volte e avevo preso colpi di ogni genere, e ogni volta ero risalito in sella senza quasi accorgermene. Con i miei allievi sostenevo sempre che cadere non è niente, che ci si fa male solo quando si vuole farsi male. Dicevo «Si cade *prima* di cadere». Dicevo «Ma cadere è solo un salto verso una doppia possibilità». Dicevo «Ci si può rompere, oppure ci si può rialzare e basta». Dicevo «Tutto lì»: con un gesto per indicare un rimbalzo. Adesso mi sembrava il tipo di filosofia spicciola che ci si può permettere quando si ha davanti un piccolo pubblico pagante ben attento e una piccola serie di coincidenze fortunate alle spalle; ma era vero che la mia rottura era avvenuta quando ero ancora in aria. Mi faceva rabbia pensarci: avere avuto bisogno di rompermi per riuscire a fermarmi e vedere. Non era un modo molto sereno di farsi la barba; provavo una forma di apprensione per gli oggetti intorno, ogni asciugamano appeso e ogni boccetta sulla mensola sembrava vibrare di una luce terribilmente incerta.

Ho guardato fuori dalla finestra: Anna allo sbancamento delle nuove scuderie, tutta intenta a discutere con Aldo il costruttore e con due operai vicino a una betoniera gialla che vibrava e faceva rumore di ghiaia tritata. La sua concentrazione totale me la rendeva ancora più estranea, per come era indirizzata lungo un percorso che ci portava irrimediabilmente lontani, troppo tardi per qualunque cambiamento di rotta. Sono stato fermo a guardarla, e mi faceva male: i suoi gesti e i suoi passi per agire contro le cose, le sue labbra che producevano parole che non sentivo, legate a immagini che non condividevo più.

Ho bevuto caffè e mangiato fiocchi di cereali, nella cucina-bar che Anna voleva rinnovare insieme a tutto il resto; pensavo a un modo per dirle quello che sentivo. Mi venivano in mente solo degli inizi, come «Dovrei parlarti», o «C'è una cosa di cui dovremmo parlare», o «Non avresti cinque minuti per parlare?», e non ce n'era uno che mi sembrasse adatto ad aprire un discorso sul crollo della nostra vita comune.

Poi l'ho vista venire verso la club-house insieme ad Aldo il costruttore, tutti e due con le linee della faccia contratte da preoccupazioni pratiche. Sono tornato al piano di sopra senza pensarci, sono stato fermo in cima alle scale e li ho ascoltati mentre si facevano un caffè con la macchina per l'espresso e parlavano di soldi e cubature e pesi e tempi. L'idea di essere un clandestino nel posto che avevo rimesso in piedi pezzo a pezzo come mia alternativa personale al resto del mondo mi faceva ridere; i loro toni mi sembravano carichi di tutto quello da cui ero scappato in origine.

Quando alla fine ho sentito le voci smettere e la porta richiudersi sono tornato giù. Anna era ancora lì, con la tazzina di caffè in mano; si è girata a guardarmi senza la minima traccia di cordialità o di rabbia. Mi ha colpito l'idea che due persone possano continuare a occupare i reciproci campi emotivi senza manifestare né aspettarsi manifestazioni di sentimenti vivi, come gli inquilini di una casa assegnata da un ente nella città grigia dove sono nati. Avevo una forma basilare di incredulità, da giorni: per le cose come sono, al di qua dei codici e dei nomi.

«Va tutto bene?» ho detto, solo per mandare avanti una sonda.

«Va tutto da schifo» ha detto Anna, a labbra strette. Ha detto «Viene fuori che non c'è abbastanza cemento per arrivare al tetto. Primo giorno di lavori, preventivo chiavi-in-mano firmato e dopo tutte le contrattazioni di gennaio e febbraio. A sentire Aldo è colpa del geometra e a sentire il geometra è colpa di Aldo, e intanto chi è fregato siamo noi, naturalmente».

Facevo di sì con la testa, ma non riuscivo a simulare partecipazione con i muscoli della faccia. Ho detto «Io volevo parlarti di un'altra cosa».

Lei ha detto «Adesso l'unica è non spostarsi di un millimetro dalla linea che ho avuto vale a dire che non tiriamo fuori una lira in più perché in ogni caso è stato uno di loro due a sbagliare e non ce ne può fregare di meno chi dei due e comunque Aldo ha avuto tutto il tempo di valutare i costi e ha firmato il preventivo e si è intascato l'anticipo e i lavori devono andare avanti secondo i programmi non possiamo restare indietro neanche di un giorno se non vogliamo che ci salti tutto e fare la figura dei peracottari che non mantengono gli impegni con i nuovi clienti se non vogliamo sputtanarci la reputazione e farci prendere in giro e perdere mesi di possibili guadagni e ritrovarci nella merda».

E malgrado il plurale non mi sembrava che si aspettasse un intervento da parte mia: era tutta caricata per una battaglia da sola. Avevo passato anni ad affrontare e risolvere problemi pratici nel modo più efficace e anche duro quando ci voleva, siccità e gelate e azzoppamenti di cavalli e tetti che perdono e mancanza di soldi e cadute di clienti senza assicurazione e umori instabili di vicini e liti con fornitori di fieno e con veterinari e con cacciatori e dispute di confine e ricatti delle unità sanitarie locali, e adesso tutte queste capacità acquisite sembravano inutilizzabili a lei quanto a me. Usavamo tutti e due i danni della mia caduta come uno schermo e come un divisorio, come una buona giustificazione per allontanarci a velocità crescente. Mi dava un senso di vuoto e di libertà non prevista; mi faceva sentire vile e leggero, incerto sulle mie possibilità di movimento. Ho detto «Anche quello di cui ti vorrei parlare è abbastanza urgente».

«E cosa sarebbe?» ha detto Anna, con una scheggia di attenzione rubata a fatica ai suoi pensieri dominanti.

«Noi» ho detto.

Lei ha contratto le labbra; ha detto «Adesso?».

Mi è venuto in mente di tutte le volte che le avevo guardato le labbra da vicino e gliele avevo corrette mentalmente in un disegno più morbido; tutte le volte che le avevo corretto mentalmente il modo di parlare e di muoversi e di essere in generale, nel tentativo di sovrapporre alla sua immagine quella della persona che mi era sembrata agli inizi. Ho detto «Sì, ma non importa».

«Facciamo più tardi, va bene?» ha detto lei, con lo sguardo e il respiro e i muscoli delle gambe che la trascinavano alla porta e fuori, verso lo sbancamento delle nuove scuderie che aveva voluto con tanta determinazione disperata.

Sono rimasto nella cucina-bar, a guardare le fotografie di cavalli e di frequentatori alle pareti. Pensavo a tutte le sere che ci avevo passato da solo il primo anno, senza più la forza di alzarmi dalla panca se non per trascinarmi a letto; a tutte le sere con Anna, a riepilogare meticolosamente quello che avevamo fatto durante il giorno e quello che dovevamo fare il giorno dopo. Pensavo a tutti gli inverni freddi e a tutte le estati calde, alla ripetizione ciclica che ci aveva trascinati avanti senza lasciarci più distinguere tra divertimento e noia; a tutte le volte che mi ero sentito al riparo quando avevo chiuso la porta di legno sottile; a tutte le volte che mi ero sentito imprigionato e non lo avevo voluto ammettere.

Sono tornato in camera da letto e sono salito su una sedia, dopo molti sforzi sono riuscito a far cadere la mia vecchia valigia di pelle da sopra l'armadio. Era rinsecchita e dura come un animale imbalsamato, rigida di non-uso. L'ho aperta sul pavimento: aveva un odore muffoso, gli elastici fermavestiti erano allentati e inerti. Mi sono immaginato di buttarci dentro poche cose essenziali e scrivere un biglietto ad Anna, andarmene. Riuscivo a vedere tutta la sequenza gesto per gesto, ma con la stessa precisione irreale con cui avrei potuto immaginarmi di saltare dalla finestra o di sparare ai nuovi frequentatori o di dare fuoco a tutto il centro di equitazione.

Di nuovo mi è venuta in mente Alberta il giorno prima: il suo modo generoso di premere i piedi per terra e sorridere e muovere le mani, l'atmosfera senza attrito nella sua casa in sfacelo; il contatto improvviso che c'era stato tra noi in cucina. Non ero sicuro di cosa provavo per lei, ma continuava a passarmi tra i pensieri e mi riempiva di irrequietezza; avevo voglia di rivederla e di riascoltare la sua voce, trasmettere e ricevere segnali, non aspettare.

Ho spinto con un piede la mia vecchia valigia sotto il letto, sono risceso, uscito. Anna era ancora allo sbancamento delle nuove scuderie con Aldo il costruttore, parlava in un cellulare che doveva averle prestato lui e dava piccoli calci nervosi alla terra biancastra. Ho avuto un impulso di andare da lei e aiutarla a risolvere la questione del cemento con la solidarietà a testa bassa che avevamo sempre avuto, richiudere la distanza a forza; ma è durato meno di un secondo. Subito dopo ero lontano da lei come la terra dalla luna, andavo veloce verso la vecchia Renault senza neanche farle un cenno.

Ho guidato lento, non riuscivo a stare seduto ben dritto e mi veniva una fitta all'anca ogni volta che schiacciavo il pedale della frizione; al bivio ho preso per la strada che portava a casa di Alberta. Cercavo di non pensare alla faccia che avrebbe fatto, né a cosa avrebbe detto, né a quello che sarebbe potuto succedere tra noi. Non mi immaginavo niente di definito: avevo la testa piena di aspettative troppo vaghe per fermarle.

Il cancello di legno era spalancato; sono andato giù per il vialetto d'accesso con il cuore che batteva più veloce. Ma nel piccolo spiazzo davanti a casa non c'era la macchina furgonata rossa di Alberta, c'era una berlina blu acciaccata sul fianco che non avevo mai visto. Ho fermato il motore, sono andato verso la porta d'ingresso con in mente il vecchio Riccardo tornato a tradimento mentre lei era fuori; ladri che saccheggiavano quello che era rimasto. Ho preso un manico di zappa vicino alla pergola in rovina, mi sono affacciato dentro. Non ero sicuro di poter intervenire con molta efficacia nelle mie condizioni, ma ero in uno stato di sbilanciamento crescente, non riuscivo a pensare a una buona ragione per essere cauto.

Il disordine svuotato nella cucina era lo stesso del giorno prima, ma la luce era più fredda e la temperatura più bassa, tutte le superfici sembravano incomparabilmente più dure. Ho sentito uno scricchiolio di scarpe dal soggiorno; ho alzato il bastone, sono passato da una stanza all'altra più rapido che potevo.

Nel soggiorno c'era un tipo grosso in giacca blu e calzoni grigi; si è girato di soprassalto, ha detto «Lei chi è?».

«Chi è *lei*?» ho detto, con il bastone nella destra e un atteggiamento aggressivo.

«Maggi, dell'agenzia» ha detto il tipo; era abbronzato di un colore artificiale, con i capelli pieni di gel e pettinati all'indietro, grossi occhi neri da vitello nostrano. Ha detto «La signora non l'ha avvertita?».

«Di cosa?» ho detto. Ero talmente deluso di non trovare Alberta, i suoi lineamenti mi sembravano intollerabili.

«Del sopralluogo?» ha detto Maggi. «Per la valutazione?».

«La signora sarebbe Alberta?» ho detto.

Maggi ha cambiato sguardo, ha detto «Lei chi è, scusi?».

«Dov'è andata?» ho detto, con un senso di smarrimento che non riuscivo a controllare.

«Lei è il marito?» ha detto Maggi; aveva un modo di appoggiarsi una mano sulla testa con una minima pressione, più per confermare un'immagine di sé che per aggiustarsi i capelli.

«Non sono il marito» ho detto. «Dov'è andata?»

«La signora è a Roma» ha detto Maggi, guardava il mio bastone. Ha detto di nuovo «Lei chi è?».

«Sono un suo amico» ho detto; ho pensato che non era una definizione esatta, ma non ce n'erano altre. Ho detto «Non le ha lasciato un numero di telefono o un indirizzo?».

Maggi si è appoggiato la mano sulla testa, ha detto «Non siamo autorizzati a fornire i dati personali dei clienti. Se le interessa l'immobile può prendere appuntamento per una visita».

«Non mi interessa l'immobile» ho detto; e il mio tono e il mio sguardo e il mio modo di stare in piedi appoggiato al manico di zappa dovevano offrire un'immagine di equilibrio così precario che lui alla fine mi ha dato un numero di Alberta a Roma, come se glielo avessi estorto con la forza.

Cinque

A Roma ho lasciato la macchina in una fascia di parcheggio lungo il fiume, ho camminato a caso nel traffico e nel rumore. La città mi faceva uno strano effetto, adesso che la vedevo dal di dentro e da quasi fermo, dopo anni di arrivi di corsa per prendere mio figlio o comprare qualcosa o sbrigare in fretta quello che dovevo e di partenze ancora più veloci verso la campagna. Ero sconcertato dalla stratificazione furiosa di movimenti e intenzioni e percorsi: mi sembrava di avere perso la capacità di decifrare messaggi simultanei, di essermi abituato a contare un solo numero per volta. Camminavo male, mi guardavo intorno come un evaso che a ogni angolo ha paura di essere riconosciuto e denunciato.

Ma non c'era nessuno che mi riconoscesse; avrei potuto camminare con lo stesso spirito in qualunque altra città del mondo, e avrei avuto la stessa totale mancanza di risposte. Mi faceva impressione pensare a come cinque anni di campagna avevano sfibrato il tessuto delle mie relazioni urbane fino a dissolverlo del tutto. In una piazzetta invasa di suoni meccanici ho sfogliato le pagine della mia agendina, ed era sottile e vuota da far paura, se solo toglievo i numeri del sellaio e del maniscalco e del veterinario e del fornitore di foraggio e di cinque o sei frequentatori storici del centro di equitazione con cui non avrei potuto parlare se non di cavalli. Ho pensato alle agendine cento volte più spesse e fitte che avevo avuto in altri periodi della mia vita: i nomi strani e i nomi stranieri, gli indirizzi dov'ero stato una sola volta o dove non ero mai stato ma che comunque erano lì scritti come possibilità latenti; la moltiplicazione di facce e voci e luoghi e atmosfere che ero stato in grado di attivare solo facendo scorrere un dito. Adesso gli unici numeri che non mi evocassero zoccoli e criniere erano di fianco al nome di mio figlio e a quello delle mie due sorelle e di mia madre, a quello della madre del mio amico Diego Ulmari sparito in qualche punto dell'Oceania da sette anni buoni.

Ma c'era il numero di Alberta, quasi illeggibile come lo avevo trascritto dalla voce dell'agente immobiliare Maggi, e anche se era la mia ragione di essere in città mi suscitava un conflitto di ottimismo e incertezza. Avrei voluto telefonarle con lo stesso slancio con cui ero venuto via dal centro di equitazione, ma non ci riuscivo. Camminavo a raggio corto intorno a un bar traboccante di gente e rivedevo il nostro bacio non anticipato e non commentato da altre angolature, risentivo la sua voce quando mi aveva riaccompagnato al centro di equitazione e aveva detto «A prestissimo» e aveva sorriso nel suo modo aperto prima di guidare via sotto lo sguardo di Anna, sapendo che il giorno dopo non sarei più riuscito a trovarla nella sua ormai ex casa. Pensarci non mi serviva a niente; continuavo a non capire se ero troppo scettico o troppo entusiasta, se mi ero messo a pensare troppo da quando ero caduto.

Sono entrato nel bar, ho attraversato la mischia di impiegati e impiegate usciti dagli uffici a ingozzarsi di crocchette di riso e focaccine farcite e lasagne al forno, seduti ai tavolini o in piedi o appoggiati al bancone senza smettere per un istante di parlare e occhieggiare intorno. Ho puntato dritto al telefono, ho infilato una moneta, battuto sui tasti il numero di Alberta nell'assedio di profumi speziati e muschiati e fruttati e sguardi e cenni e ammiccamenti e colletti e cravatte e mocassini e polsini e calze e orologi e unghie e capelli. Aspettavo di sentire la voce di Alberta, e mi chiedevo se con la pratica sarei riuscito di nuovo a schermare e selezionare segnali come prima di andare in campagna, o se avevo ormai una specie di deficit immunitario permanente, che mi metteva a rischio al minimo affollamento.

La voce di Alberta è arrivata dopo forse dieci squilli, quando stavo per mettere giù con parti quasi uguali di delusione e di sollievo: ha detto «Chi è?», non cordiale.

«Sono Luca» ho detto.

«Chi?» ha detto lei; il cane Speke abbaiava sullo sfondo.

«Luca?» ho detto. «Quello dei cavalli? Quello dell'ospedale?» Gettavo parole come materiali per un ponte di fortuna, attraverso il vuoto del suo non riconoscermi; ho detto «Quello della pasta con i pomodori in giardino ieri?».

«Ah, certo. Luca» ha detto lei. Aveva un tono distratto; il cane abbaiava sullo sfondo. Ha detto «Come stai?».

«Abbastanza bene» ho detto, e non era affatto vero, ero intriso di delusione peggio di quando non l'avevo trovata a casa. Ho detto «Sono a Roma per qualche ora, pensavo che magari potevamo vederci». Ho detto «Se hai tempo, non so».

«Scusa un attimo» ha detto lei. Sentivo la voce acuta del giovane Arturo sotto l'abbaiare del cane Speke, i suoni nel telefono si mescolavano ai suoni nel bar.

E non avrei saputo dire con precisione cosa mi ero

aspettato, ma certo non questo; ho pensato che ero in una fase della vita in cui avrei dovuto fare qualcosa per riacquistare un minimo di uso di mondo oppure chiudermene fuori definitivamente, ma in ogni caso non baciare mai più nessuna sconosciuta.

Alberta ha detto «Pronto?», con un affanno che non sembrava minimamente collegato a me.

Ho detto «Se è troppo complicato facciamo un'altra volta, non importa». Ero già pronto a riattaccare.

«No, no» ha detto lei. «Ho voglia di vederti.»

«Quando?» ho detto, con le orecchie piene di abbaiamenti e strilli e risate di sconosciuti, richiami ai camerieri.

Lei ha esitato di nuovo. Ha detto «Verso le tre va bene? Cosa dici?».

«Va bene» ho detto, schiacciato tra il suo tono distratto e l'assedio di presenze estranee.

Alberta mi ha dato l'indirizzo e la sigla sul citofono, ha messo giù senza altre parole di conferma o rassicurazione.

Sono rimasto qualche secondo a guardare il fronte di occhi e mani e bocche in movimento continuo, poi ho telefonato alla mia ex moglie per chiederle se potevo andare a prendere mio figlio a scuola e mangiare con lui.

«Come mai a Roma?» ha detto la mia ex moglie, con la voce irrigidita dalla sua classica ostilità per le improvvisazioni.

«Così» ho detto; guardavo l'orologio. Ho detto «Va bene?».

«Se fai in tempo» ha detto la mia ex moglie. Ha detto «E se lo riporti a casa subito dopo, che deve fare i compiti».

«D'accordo, d'accordo» ho detto, già caricato per tagliare attraverso la folla di mangiatori parlatori guardatori.

La scuola di mio figlio non era lontana; ci sono arrivato tre minuti dopo l'una e mezza, e i ragazzi non avevano ancora cominciato a uscire. C'era un gruppo sparso di madri e padri di allievi della prima media in attesa, a piedi o appoggiati a scooter giganti e automobili parcheggiate in seconda fila, rivolti al portone o intenti a conversazioni interrotte da occhiate laterali e giravolte. Non ne conoscevo nessuno, se non di vista dalle mie incursioni a venerdì alterni, ma non mi erano simpatici. Avevano l'aria di ex compagni di scuola gonfiati con la pompa, ogni lineamento e atteggiamento ingrandito e confermato dal mondo in via definitiva. Guardavo le teste sbiondate e le suole a piattaforma delle donne e le sfumature a rasoio e i piccoli occhiali da sole degli uomini, i modi che avevano di dilatare le narici e oscillare sulle caviglie e ridere senza aprire molto la bocca e mettersi le mani nelle tasche. Potevo sentire la fatica costante del loro bisogno di tenersi al passo con il mondo: la concentrazione su se stessi che li consumava come una mola.

Ho pensato che io e Anna non ci eravamo guardati allo specchio né comprati vestiti né occupati del nostro aspetto per anni; mi è venuta una fitta di dispiacere per lei e per come aveva cercato di assomigliarmi, per i suoi sforzi limitati e onesti tutti rivolti a costruire qualcosa di durevole. Subito dopo mi è tornata in mente Alberta nella sua ormai ex casa in campagna: l'assenza di attrito, i sorrisi facili, il contatto improvviso.

Il portone si è aperto e ne è venuto fuori un fiume di ragazzini e ragazzine gridanti e gesticolanti, così uniformemente sconosciuti da farmi paura. Sondavo una faccia dietro l'altra con una concentrazione quasi dolorosa dello sguardo, in cerca di una conferma di familiarità che avrebbe anche potuto non arrivare affatto. Alla fine ho visto mio figlio nella mischia ormai dilagata, gli ho gridato «Paolo!» in un tono che sarebbe andato forse meglio per un cavallo al prato a cento metri di distanza. Lui si è voltato, aveva un'aria sconcertata più che sorpresa.

Siamo andati a mangiare in un posto dove vendevano pizza al taglio, troppo affollato rispetto a quello che avrei voluto ma non me ne erano venuti in mente altri; abbiamo aspettato a lungo nella calca per farci servire e trovare due posti a un lungo tavolaccio. Avevo perso l'abitudine agli spazi chiusi, insieme alla capacità di smistare segnali; dovevo rifocalizzare di continuo l'attenzione su mio figlio mentre cercavo di farlo parlare.

Lui non ne aveva voglia, era stanco e affamato ed erano passati meno di due giorni da quando era venuto in campagna, e né la sua situazione né i nostri rapporti erano cambiati nel frattempo. Lo incalzavo di domande su professoresse e compagni e materie e programmi, cercavo di catturare il suo sguardo e tenerlo, ma mentre lo facevo mi rendevo conto di non essere abbastanza attento nemmeno io. Per compensare alzavo la voce e muovevo la mano destra, cercavo altre parole nella tempesta generalizzata di parole, ed erano tutte inadeguate e inefficaci allo stesso modo.

Di colpo mi sono visto attraverso i suoi occhi: una specie di hippy fuori tempo come diceva Anna, maniacalizzato nelle sue poche idee fisse e incapace di ascoltare, privo di uso di mondo e acciaccato da una caduta ridicola. Mi è sembrato assurdo aver dato per scontato che lui si divertisse ogni volta che lo trascinavo in un paddock e lo tempestavo di informazioni tecniche e aneddoti e note caratteriali di cavalli mentre la sua curiosità scivolava via anno dopo anno fino a uscire completamente dal quadro. Pensavo all'atteggiamento che avevo sempre avuto con lui, come se ogni gesto fosse un'occasione per esporgli una visione del mondo che escludeva la sua città e sua madre e i suoi amici e la sua scuola e i suoi giocattoli e tutto quello che lui considerava importante; a come probabilmente ero riuscito a fargli detestare i cavalli e la natura in genere, solo per poi perdere anch'io interesse da un istante all'altro e non sapere nemmeno come spiegarglielo.

Ho detto «Ti piacerebbe se non stessi più in campagna?».

«Come?» ha detto lui.

«Se facessi basta» ho detto. «Basta campagna e basta cavalli. Basta tutto.»

Lui ha smesso di masticare la sua pizza; ha detto «Perché?».

«Perché le cose finiscono» ho detto. «Ci si stufa. Si cambia.»

«E i puledri nuovi?» ha detto mio figlio. «E il vecchio Tico? E Oscar? E Pamina?».

«Se ne occuperebbe Anna» ho detto. «È bravissima, con i cavalli.»

«Perché, lei resta lì?» ha detto mio figlio; la concentrazione del suo sguardo mi metteva a disagio.

«Sì» ho detto. «Continuerebbe.» Ho detto «È il suo lavoro. Le piace».

«E il tuo qual è?» ha detto lui: un ragazzino di undici anni figlio di genitori separati con una visione del mondo più attendibile della mia.

Ho detto «Be', ho fatto altre cose, prima dei cavalli. Le so fare ancora».

«Per esempio?» ha detto lui.

«Varie cose» ho detto. Non riuscivo a credere di non avergliene mai parlato; di avergli dato una visione così monodimensionale e recente della mia vita, come se fossi nato già asserragliato nel centro di equitazione, senza farmi mai nemmeno sfiorare da un dubbio o da una curiosità esterna. Ho detto «Mangia la pizza».

«Quali cose?» ha detto lui, continuava a non mangiare.

«L'ultima era con i film» ho detto.

«Facevi i film?» ha detto mio figlio I suoi occhi erano molto simili ai miei, ma la forma della sua faccia era quella di sua madre; l'insieme dei suoi lineamenti esprimeva un'urgenza pressante di risposte precise.

Ho detto «No, li trovavo già fatti. Andavo a cercarli all'estero e li portavo qua e li traducevo. Sai i film stranieri che vai a vedere, e sono parlati in italiano?».

«Facevi l'importatore?» ha detto mio figlio.

«Si dice distributore» ho detto, con un senso di ritardo irrimediabile sulla sua evoluzione continua verso una forma adulta. Ho detto «Uno che importa film e li distribuisce in giro». Ero sudato, mi costava fatica più di un lavoro manuale; ho detto «Capito?».

«Sì» ha detto lui, non convinto. Ha detto «E quando lo facevi?».

«Prima» ho detto. La pizza mi era andata di traverso, non riuscivo più a mangiare neanch'io. Ho detto «È l'ultimo lavoro che ho fatto, prima dei cavalli».

«Dove lo facevi?» ha detto mio figlio.

«Qui» ho detto. «A Roma.» Ho detto «Dovresti ricordartelo, no?».

«I film li ho visti?» ha detto lui.

«Forse uno o due» ho detto, ma non me lo ricordavo nemmeno io. Ho detto «Però non erano film da bambini». Ho detto «Mangia la pizza».

«E perché hai smesso?» ha detto lui.

Ho detto «Perché non mi divertivo più». Ho detto «Perché avevo voglia di cambiare». Ho detto «Perché avevo bisogno di spazio e di cose nuove». Anche adesso avevo bisogno di spazio, nel vocio e nel caldo da iperconcentrazione umana, sotto l'incalzare del suo sguardo e le occhiate dei vicini di tavolo.

«E la mamma?» ha detto mio figlio.

«La mamma cosa?» ho detto. Avrei voluto uscire all'aria, camminare.

«Perché non è venuta in campagna anche lei?» ha detto mio figlio.

«Perché non stavamo più bene insieme» ho detto. Ho preso una gollata d'acqua minerale, troppo fredda; ho detto «Ci siamo lasciati e sono andato in campagna».

«Litigavate?» ha detto lui.

«Ogni tanto» ho detto. Neanche di questo avevamo mai parlato davvero, in modi che non fossero troppo rapidi o troppo facili o troppo poco sinceri; ho detto «Eravamo stufi, più che altro». Ho detto «Sai come quando tu ti stufi di qualche tuo amico o compagno? Senza che lui ti abbia fatto niente di male, a parte essere se stesso ed essere convinto di sapere come sei tu?».

«Sì» ha detto lui, muoveva appena la testa.

Ho detto «Quando anzi la cosa più brutta è che ognuno dei due pensa talmente di sapere come è fatto l'altro da non lasciarlo libero di essere in nessun altro modo?».

Mio figlio mi guardava, senza segnali di accordo o disaccordo.

Ho detto «Quando a tutti e due sembra di avere già fatto e detto tutto quello che c'era da fare e da dire insieme? Di non potersi aspettare più nessun genere di sorpresa, neanche piccola?».

Lui mi ha fatto cenno di abbassare la voce, anche se il rumore nell'ex officina dal tetto a volta era così forte che non riuscivo quasi a sentire le mie parole.

Ho detto «Quando a ognuno dei due finisce per dare fastidio la forma del naso dell'altro, o il modo che ha di mandare giù l'acqua quando beve? E non è colpa sua e neanche tua, nessuno dei due ci può fare niente?».

«Sì, sì» ha detto lui, con gli occhi bassi, come se le mie esemplificazioni lo mettessero in imbarazzo. Ho detto «Comunque era solo un'idea, andarmene dalla campagna. Non ho ancora deciso niente. Volevo solo sapere cosa ne pensavi». Ho detto «Mangia la pizza, che diventa fredda e dura da fare schifo».

Lui ha preso un morso con i denti davanti; sembrava che gli avessi appena mandato all'aria lo scenario mentale che era riuscito a costruirsi con fatica negli ultimi anni.

Ho detto «Perché fai quella faccia? Ti confondo le idee?».

«No» ha detto lui, con la sua fetta di pizza tra le mani molto più grandi di come me le ricordavo. Mi è tornata in mente la prima volta che gli avevo tagliato le unghie: lo sgomento per la miniaturizzazione miracolosa delle sue dita.

Ho detto «Hai quest'aria destabilizzata del cavolo, come se ti avessi detto chissà cosa». Ho detto «Preferiresti avere un padre normale, invece? Che va in ufficio ogni mattina e ha tutti i suoi bravi orari fissi? Che prenota ogni anno la vacanza al mare nello stesso posto, per farti le stesse cose identiche dell'anno prima?».

«No» ha detto lui, ma la sua faccia diceva forse sì.

Ho detto «Invece preferiresti». Pensavo che non gli avevo poi fatto fare cose tanto divertenti, alla fine; che non gli erano venuti tanti vantaggi dall'avere un padre non-normale. Ho detto «Un padre con la giacca e la cravatta e le scarpe lucide e la macchina nuova e i capelli ben tagliati e gli occhiali da sole piccoli e stretti come i padri che erano fuori da scuola ad aspettare i tuoi compagni?».

«No» ha detto lui.

«E come dovrei essere, allora?» ho detto. Per autodifesa mi veniva da fare pressione su di lui quanto lui ne faceva su di me, ma la mia forza da adulto rendeva tutto troppo sleale; ho detto «Come?».

«Così come sei» ha detto lui. «Che stai in campagna e lavori con i cavalli e tutto. Va benissimo.»

«Ma se ti stufa da morire, la campagna» ho detto, a voce così alta che due vicini di tavolo si sono girati. Ho detto «Se l'ultima volta non ti interessava più per niente, l'ho visto benissimo».

«Sì, ma sei tu che ci devi lavorare» ha detto mio figlio.

«E perché?» ho detto. «Chi cavolo l'ha deciso?»

«Tu» ha detto lui.

«E adesso se voglio cambio idea» ho detto, con un'insofferenza violenta da intrappolamento. Ho detto «Cambio idea perché sono libero e sono grande, e togliti dalla testa di avere un padre mulo che va avanti a girare in tondo senza divertimento e senza interesse e senza passione solo perché ti rassicura!».

Lui ha posato di nuovo la sua fetta di pizza sul tavolo, guardava di lato con l'espressione chiusa a chiave che assumeva ogni volta che ci capitava di litigare.

E tutta la furia mi è rifluita da un secondo all'altro in dispiacere puro: pensavo che non avevo mai fatto davvero del mio meglio, non ci avevo provato abbastanza. Ho detto «Adesso non ti offendere. È solo che non sopporto quando mi tratti da mulo».

Lui ha continuato a non guardarmi, la sua faccia era l'unica ferma tra decine di facce inarrestabili.

Ho detto «Lo puoi capire, no?».

Non mi guardava, stava girato verso un punto indefinito.

Gli ho toccato un braccio, ho detto «No?».

Lui si è scostato, ha detto «Lasciami in pace».

Ho detto «Basta che mi tratti come tratteresti qualunque amico della tua età, invece di trattarmi come un vecchio mulo del cavolo».

«Non sei un amico della mia età» ha detto mio figlio.

Uno dei vicini di tavolo che doveva lavorare in qualche partito o ministero mi fissava come una lumaca; gli ho detto «Perché non si occupa della sua pizza, scusi?».

Mio figlio si è chiuso peggio di prima; detestava qualunque manifestazione di disarmonia.

Ma era pur sempre un ragazzino di undici anni: dopo che siamo usciti e abbiamo camminato zitti per un tratto e gli ho detto tre o quattro volte di seguito che mi dispiaceva ha finito per sciogliersi e perfino sorridere, mi ha chiesto se potevo comprargli un videogioco a inseguimenti e omicidi multipli che aveva provato a casa di un suo compagno.

Sono venuto via dal portone che era stato anche mio con negli occhi il suo saluto distratto e le sue scarpe di gomma e tela dalla suola grossa; ho camminato lungo il marciapiede in una miscela filante di tristezza e impazienza e sensi di colpa e voglia di cambiare, voglia che tutto restasse com'era. Mi chiedevo quali sono gli effetti a lungo termine che un padre instabile può produrre in un figlio; se l'instabilità ha una componente creativa anche per chi la subisce, o solo per chi la origina.

Ho riattraversato il fiume e sono tornato alla macchina, ho guidato fino all'indirizzo che mi aveva dato Alberta al telefono, nel borgo antico di edifici bassi racchiusi tra il fiume e il fianco di una collina. L'indirizzo era quasi in fondo a una via stretta selciata, c'erano piccole officine di meccanici e laboratori di falegnami ai piani terreni delle case; quando sono sceso i suoni vibrati e battuti si mescolavano allo scorrere continuo del traffico sul lungofiume alle mie spalle.

Ho cercato sul citofono la sigla H_2O che aveva detto Alberta, ed era lì, ma non ho suonato. Avevo il cuore pieno di incertezza, sentimenti contrastanti attraverso tutto il corpo. Ho guardato in su: la facciata rossastra del piccolo edificio a tre piani, le persiane aperte e quelle chiuse, le cornici delle finestre, i riflessi sui vetri. Mi sentivo come uno che non ha gli strumenti giusti quando più gli sarebbero indispensabili, dopo aver perso il corredo che si era fatto attraverso gli anni e gli equivoci e le delusioni; avevo i piedi e le spalle pesanti, idee pesanti in testa, senza uso.

Sono andato a passi rallentati fino in fondo alla via; ascoltavo i suoni, respiravo l'odore di mattoni e stracci umidi e pipì di gatto. Sembrava di essere davvero in un vecchio paese inglobato nella città; la collina in fondo saliva tutta alberi disordinati e cespugli selvaggi per una dimenticanza fortunata dell'amministrazione parchi-e-giardini. Mi sono ricordato che una notte di molti anni prima ero venuto nella stessa via o in una via parallela, tutto su di giri e vestito da guerriero ninja insieme a una ragazza vestita da donna tuareg per una festa in maschera, in una casa piena di musica e luci e gente frenetica che non conoscevo. Mi chiedevo come avevo potuto trovare la chiave per muovermi facile nel mondo, e averla poi buttata via, essere qui adesso senza neanche più il modo di capire l'insistenza indefinita che avevo dentro. Mi è venuta rabbia verso me stesso, voglia di forzare i ritmi: sono tornato al piccolo portone di Alberta, ho suonato il citofono senza pensare più a niente.

Dalla griglietta di metallo ossidato non è uscito nessun suono di risposta. Non c'erano persone né macchine in movimento nella via; sentivo solo colpi di martello e il rumore di una sega a nastro, il traffico lontano. Ho suonato di nuovo, anche se mi sembrava un esercizio inutile; la rabbia verso me stesso era già diventata paura del vuoto.

Poi il citofono ha preso vita d'improvviso, una voce che non sembrava quella di Alberta ha detto «Chi è?».

«Luca» ho detto.

La voce ha detto «Cosa vuoi?»: carica di fretta, altri pensieri che la trascinavano via.

«C'è Alberta?» ho detto, ma avrei voluto non dire più niente, essere già con le spalle girate, in movimento verso la mia macchina.

La voce nel citofono ha detto «Perché?», sembrava anche lei sul punto di andarsene.

«Avevamo un appuntamento» ho detto, in un flusso automatico di spiegazioni. Ho detto «Sono un suo amico. Dovevamo vederci».

La voce nel citofono ha detto «Sali» senza la minima traccia di partecipazione; la serratura del portoncino è scattata.

E non avevo più nessuna voglia di salire né di mettermi a disposizione né di aspettarmi niente da nessuno, ma il portoncino era aperto e ci sono entrato, sono andato su per una scala di pietra tra muri bianchi gessosi. Guardavo tutte le porte per capire qual era quella giusta; speravo di salire fino all'ultimo piano senza trovare segni indicatori e scendere di nuovo in strada e andarmene via, lasciar perdere.

Invece al terzo piano una porta era socchiusa e lasciava fiottare fuori una musica: chitarra dobro su un'onda lunga di organo Hammond. Ho bussato, anche se non poteva sentirmi nessuno; sono entrato, e c'era il mezzo terrier Speke che abbaiava e correva avanti e indietro in un piccolo soggiorno allagato dalla musica e c'era una tipa che non era Alberta inginocchiata vicino a un divano blu e c'era Alberta sdraiata a faccia in giù sul pavimento con le braccia e le gambe come se nuotasse a crawl, così ferma che mi si è bloccato il cuore.

Ho detto «Cos'è successo?» o non ho detto niente, nella musica che saturava tutte le frequenze tranne quella acuta del cane; andavo verso il divano come in una domanda allungata.

La tipa in ginocchio ha alzato lo sguardo, e mi è sembrato di riconoscerla ma non avrei saputo dire dove o quando l'avevo vista: aveva capelli corti color grano, occhi forse simili a quelli di Alberta ma più grigi. Mi è sembrato che dicesse «Non si muove più» ma non ne ero sicuro; cercavo di leggere il movimento delle sue labbra e nello stesso tempo di leggere Alberta sdraiata a faccia in giù e leggere la stanza e gli oggetti sparsi, non riuscivo a soffermare lo sguardo né l'attenzione su un solo elemento della scena.

Ho detto di nuovo «Cos'è successo?», dentro la massa in movimento della musica. Mi sono accovacciato e ho cercato di girare Alberta ma era pesante e difficile da maneggiare e il mio polso sinistro non mi aiutava; il cane Speke abbaiava sempre più convulso, girava in figure di otto.

La tipa con i capelli corti ha detto «Era così» o «Era qui», continuava a fissare Alberta dallo stesso angolo ravvicinato. Ha detto «Cinque minuti fa» o «Tre minuti fa». C'erano due strisce di stoffa arancione e blu tese oblique dal soffitto al pavimento dietro di lei; un pianoforte verticale di legno di noce.

Ho detto «La musica?» perché la musica mi allagava la testa e allagava la stanza, sballottava le mie immagini e i miei gesti possibili e me li confondeva senza criterio davanti agli occhi.

La tipa non ha capito; sfiorava con la mano una tempia di Alberta, le ha toccato il collo.

Ho gridato «La musica!».

Lei mi ha guardato, con le labbra che tremavano.

Anche il disegno delle sue sopracciglia era simile a quello di Alberta, ma nell'insieme era fatta di linee più precise e sottili, e si muoveva con un equilibrio più leggero. È andata allo stereo e l'ha spento: la musica si è ritratta in un istante dal soggiorno, ha svuotato lo spazio. Il cane Speke si è bloccato per la sorpresa, vibrava appena sulle zampe. Anche la tipa con i capelli corti si è bloccata, a cinque passi da me. La guardavo e guardavo Alberta nella sua posizione da nuotatrice di oceani sorpresa dalla bassa marea; avevo un'idea lontana che tutto potesse tornare a posto se solo aspettavamo lì immobili senza fare niente.

Poi la scena ha ripreso velocità e quasi subito ne ha avuta troppa, ogni sguardo e gesto e respiro frullato via così rapido che non c'era verso di stargli dietro ma solo di provare a inseguirlo senza pensare. Mi sono tolto il giaccone e l'ho posato per terra e ho girato Alberta sulla schiena e le ho messo una mano sotto la nuca e ho cercato di sollevarla a sedere, mi è venuta una fitta alla spalla sinistra ma non avevo spazio per registrarla davvero, ho accostato un orecchio alla sua bocca e respirava anche se poco, ho detto «Respira», la tipa con i capelli corti si è accovacciata di fianco a me, ha detto «Sta male», ho detto «Sei sua sorella?», la tipa ha detto «Sta malissimo», ho detto «Ma respira», lei ha detto «Sì», ho detto «Cos'è successo?», lei ha detto «Cosa facciamo?», ho detto «Come?», lei ha detto «Non rispondeva», ho detto «Quando?», lei ha detto «Caduta», ho detto «Perché?», lei ha detto «Pillole», ho detto «Quali?», lei ha detto «Lo sapevo», ho detto «Cosa?», lei ha detto «Lo sapevo», ha detto «Lo sapevo».

La sorella di Alberta è saltata in piedi ed è andata avanti e indietro nel soggiorno senza nessuna direzione e le ho guardato i piedi nudi e le ho guardato il sedere nei jeans grigi e le ho guardato di nuovo gli occhi pieni di spavento quando si è girata e ho guardato Alberta sul pavimento e non riuscivo a credere che fosse così non-reattiva con tutte le immagini di lei in movimento che avevo in testa e ho cercato ancora di tirarla su e pensavo a come nella sua ormai ex casa in campagna aveva camminato intorno e parlato e gesticolato e mosso il busto e le anche e la testa nel suo modo da orsa-bambina bionda e sono riuscito a sollevarla seduta e sua sorella è tornata vicina e ho detto «Dobbiamo farla vomitare» ho detto «Dobbiamo farla camminare» e tra tutti e due non riuscivamo ad alzarla in piedi e continuava a scivolarci tra le mani e ho provato a sentirle il polso e non trovavo il punto giusto e pensavo al suo peso attivo che mi premeva contro nel bacio non anticipato e non spiegato che ci eravamo dati e a come adesso era un peso passivo abbandonato e avrei voluto essere utile ed efficace ma l'utilità e l'efficacia mi scivolavano tra le mani come il tempo e come il senso delle cose nell'accelerazione e nella sovrapposizione crescente. La sorella di Alberta ha detto «Dobbiamo chiamare qualcuno» mi ha spinto di lato il contatto spalla contro spalla ginocchio contro ginocchio le ho guardato il collo chiaro quasi quanto quello di sua sorella ho detto «Un'ambulanza» il cane Speke saltava a zampe dritte mi chiedevo dov'era il giovane Arturo la sorella di Alberta ha detto «Telefono» ho pensato che dovevo telefonare ad Anna ho pensato al tono di Alberta al telefono sua sorella era in piedi le ho guardato i piedi nessuno dei due riusciva a fare niente di utile il cane Speke abbaiava a scoppi concatenati *hau hau hau* ogni scoppio una spinta all'indietro come il rinculo di un minuscolo cannone su ruote ho guardato l'orologio non riuscivo a leggerlo avevo la testa piena di sguardi di Anna con le mani appoggiate sui

91

fianchi in una posa interrogativa in una posa furiosa
in una posa disperata mi chiedevo se avevo qualche
genere di responsabilità grave anche verso Alberta
sua sorella è tornata ha provato a scuoterla diceva
«Betta» diceva «Ehi» ho sentito ancora il polso di Alberta le ho sentito il lato del collo ho detto «Calma»
sua sorella aveva le pupille dilatate nero profondo
dentro l'azzurro-grigio è corsa fuori dal soggiorno di
nuovo cercavo di richiamare le mie nozioni di pronto soccorso ma erano nozioni per fratture e traumi
da caduta non sapevo niente di autoavvelenamenti
ho provato a muovere le braccia di Alberta pensavo
alla lotta di cervi tra lei e il suo ex marito davanti alla
sua ormai ex casa pensavo alla schiuma bianca che
lui aveva a un angolo della bocca mentre tentava di
tirarmi giù dalla macchina rossa furgonata pensavo
alla faccia di mio figlio nella pizzeria pensavo al portone che mi si richiudeva in faccia pensavo ad Anna
che parlava di quintali di cemento e di mattoni forati
come di vita o di morte ho sentito *zic* una fitta alla
caviglia destra il cane Speke attaccato con i suoi piccoli denti aguzzi da cacciatore snidatore da tana già
saltava e abbaiava in un altro punto del soggiorno la
sorella di Alberta ha detto «Arrivano» ha detto
«L'ambulanza» non era più a piedi nudi si era messa
delle specie di ballerine nere la sua figura aveva una
qualità sorprendente di movimento ha detto «Ha
preso queste» aveva in mano una boccetta vuota di
pillole ha detto «Tutte» la boccetta le è caduta di
mano è rimbalzata sul pavimento mi è sembrato di
sentire Alberta respirare più fondo sua sorella andava avanti e indietro dal divano blu alla finestra le sue
ballerine sul legno mi sembrava una gara a due di
scoordinamento e concitazione io muovevo le braccia di sua sorella lei guardava fuori dalla finestra ha
detto «Quando?» il cane Speke faceva *hau hau hau* a

circoli a otto a zigzag all'indietro sembrava sul punto di bruciarsi i circuiti interni mi faceva male la caviglia nel punto del morso era solo un elemento in più nella sovrapposizione frenetica scandita ribattuta accelerata ferma la sorella di Alberta ha detto «Eccoli» via dalla finestra via dal pavimento tutti e due con Alberta in mezzo verso la porta.

Sei

Siamo stati zitti senza muoverci per un tempo non definito, seduti su due panche ad angolo in una saletta color verde nausea istituzionale, nel silenzio attraversato da soffi d'aria e gorgoglii di tubature, scorrimenti di ascensori, cigolii di porte e carrelli lontani, voci in fondo a corridoi.

Mi facevà uno strano effetto essere lì per due persone che non conoscevo quasi, eppure non riuscivo a immaginare di essere da nessun'altra parte. Mi chiedevo se c'era qualcuno che invece conoscevo bene; se conoscere bene qualcuno era come avevo detto a mio figlio, avere avuto così tante conferme degli stessi tratti da sentirsi al riparo dalle sorprese. Pensavo che conoscere bene Anna non mi aveva affatto messo al riparo dalla sorpresa di non avere più nessun interesse per lei o per quello che facevamo insieme; che mi sentivo abbastanza sconosciuto a me stesso.

La sorella di Alberta ha tirato fuori una busta di tabacco olandese e delle cartine dallo zainetto nero che aveva, si è arrotolata una sigaretta sottile; quando ha visto che la fissavo mi ha guardato con una luce di sfida negli occhi.

Mi sono alzato, ho fatto qualche passo lungo la linea di congiunzione tra le piastrelle bianche e nere del pavimento; annusavo l'odore di disinfettante e di lontane minestre di verdure, il fumo aromatico quando lei ha acceso, e non sembrava proprio solo tabacco. Ogni tanto le davo un'occhiata obliqua: il mio bisogno di comunicazione era più disperato ancora di quando ero venuto via dal centro di equitazione la mattina, ma l'idea di tirare fuori delle parole mi costava una fatica assurda. Continuavo a immaginarmi possibili osservazioni; alla fine ho detto «Non vedevo un medico da vent'anni, e adesso è la seconda volta in pochi giorni che sono in un ospedale».

La sorella di Alberta ha inspirato dalla sua sigaretta sottile, curva in avanti con i gomiti sulle ginocchia; non sembrava che avesse registrato le mie parole.

Ho detto «Credo che ci sia un nome per questo genere di cose, in matematica o in statistica».

Lei ha soffiato fuori il fumo, fissava un punto indefinito del pavimento.

Ho detto «Mi dispiace, accidenti». Mi chiedevo di nuovo cos'era stato il bacio che mi ero dato con sua sorella: se un tentativo di comunicazione o una reciproca richiesta di aiuto, un puro effetto della vicinanza fisica.

«Sì» ha detto lei. «Anche a me.» Ha allungato le gambe in avanti, appoggiato la testa al muro. Le sue proporzioni avevano un punto di equilibrio fuori dalle categorie del lungo e corto e piccolo e grande: era leggera ma anche solida, delicata eppure con delle forme.

Pensavo che forse avrei dovuto stare zitto e lasciarla in pace, ma non ci riuscivo; ho detto «E il giovane Arturo?».

«È con suo padre» ha detto lei. Aveva una voce leggermente roca; continuava a non guardarmi.

Ho detto «Hanno avuto un'altra lite selvaggia?».

Lei ha scosso la testa, ha detto «Li ho guardati dalla finestra quando lui è venuto a prendere Arturo, sembravano abbastanza tranquilli».

Mi sono seduto su un'altra panca di fronte a lei. Mi

sembrava di registrare con troppa precisione insistente i suoi occhi e la sua bocca e il suo naso e la sua espressione mentre non mi guardava; mi sono alzato, ho fatto altri passi tra le mattonelle bianche e nere, sono tornato indietro. Ho detto «Io mi chiamo Luca»: sull'orlo di un passo ulteriore per andare a stringerle la mano.

Lei ha detto «Maria Chiara». Il suo sguardo era più timido di come mi era sembrato; si è fermato sul mio solo un istante, ma aveva una luce che mi metteva in difficoltà.

Mi sono seduto di nuovo sulla panca ad angolo con la sua. C'era Alberta nell'aria tra noi: i suoi modi di sorridere e gesticolare e stare con il busto leggermente in avanti come se fosse sempre sul punto di sollevare o posare qualcosa; e l'assenza strana di movimento di quando era sdraiata a faccia in giù, l'assenza di colore. Ho detto a Maria Chiara «Hai idea di perché l'abbia fatto?».

Lei ha soffiato fumo dalla sua sigaretta sottile; ha detto «È la seconda volta. La terza se vuoi contare quando aveva quindici anni e si è tagliuzzata i polsi con un coltellino svizzero».

«Ma perché?» ho detto. Pensavo ad Alberta mentre stappava il vino nella sua ex cucina; mentre dava istruzioni al bambino e al cane; mentre mi parlava carica di energia non filtrata. Ho detto «Sembrava così positiva».

«Lo è» ha detto Maria Chiara.

«Così *indistruttibile*» ho detto.

Lei mi ha guardato negli occhi, e di nuovo ho avuto una piccola oscillazione interiore. Ero sorpreso di continuo dai suoi movimenti e dal suo stare ferma, e non volevo neanche pensarci, volevo restare unicamente concentrato nel dispiacere e nell'ansia sospesa della situazione.

«E allora?» ho detto.

Lei ha detto «È sempre stata la sua fregatura, sembrare indistruttibile. Ha sempre fatto venire voglia a qualcuno di distruggerla».

«Per esempio?» ho detto.

«C'è sempre stato qualcuno» ha detto lei. «Perfino quando eravamo piccole. Aveva una tale aria da angelo paffuto e boccoluto, sembrava uscita da qualche pubblicità dei biscotti. Ed era così espansiva e comunicativa, senza filtri.»

«Senza filtri» ho detto, perché era la stessa identica cosa che avevo pensato io.

«Sì» ha detto lei, con appena un taglio rapido di sguardo. Ha detto «Una volta un'altra bambina l'ha buttata giù dal basamento di una statua su cui salivamo a giocare, in un giardino. Per pura gelosia fredda, senza altre ragioni. Le hanno dovuto dare non so quanti punti, ma una settimana dopo eravamo già tutti lì a considerarla indistruttibile di nuovo. E lei a pensare di esserlo».

Ho detto «E poi?». Mi piaceva sentirla parlare, non potevo farci niente: mi piaceva il timbro della sua voce e il modo di ragionare che c'era dietro, l'angolatura precisa e irrequieta del suo punto di vista.

«Poi c'è sempre stato qualcuno che la buttava giù da qualche parte» ha detto lei. «Sempre per le stesse ragioni.» Ha detto «Oppure era lei che si buttava di sua iniziativa, ma sempre in modo da cadere male».

Ho detto «Io ero convinto di conoscere il modo di non cadere male mai».

Lei si è girata a guardarmi: mi è sembrato di vederle un piccolo tremito di sorriso sulle labbra.

Sono stato zitto, non avevo nessuna intenzione di parlare di me.

Maria Chiara ha spento quello che restava della sua sigaretta sottile, con un'enfasi silenziosa come se fosse un gesto contro la desolazione della saletta d'attesa e dell'intero ospedale e della vita in genere, ma quando le ho visto gli occhi erano pieni di lacrime.

Mi è venuto da andare a sedermi di fianco a lei e metterle una mano sulla spalla e dirle qualcosa in un tono di conforto, ma il dispiacere e il silenzio della piccola sala mi bloccavano, non riuscivo ad alzarmi dalla panca. Con uno sforzo violento ho detto «Vedrai che si rimette prestissimo. Sono sicuro». Mi chiedevo se era vero: avevo nelle braccia una memoria molto definita del suo peso inerte.

Maria Chiara ha fatto di sì con la testa, ma non sembrava che mi avesse ascoltato davvero. Poi di colpo ha detto «Conosci qualcuno che sia felice, tu?».

Ho scosso la testa, non riuscivo a credere che me lo avesse chiesto. Ho detto «Non so». Ho detto «Non credo». Mi sono schiarito la gola; ho detto «Quelli che mi vengono in mente sono *convinti* di essere felici, più che altro».

«O felici di cose sbagliate?» ha detto lei.

«Anche» ho detto. «O felici di cose che rendono infelici altri.»

«E gli altri?» ha detto lei.

«Gli altri sono infelici» ho detto.

«Poi ci sono quelli che fanno finta, no?» ha detto lei. «Che recitano la parte.»

«Anche» ho detto. Il cuore mi batteva irregolare; ho detto «Ne conosci?».

«Qualcuno» ha detto lei. Si sono sentite due voci in fondo al corridoio, subito riassorbite. Siamo stati zitti, ognuno nella sua posizione. Si è sentita acqua che scorreva, una ventola che girava. Maria Chiara ha detto «Cosa intendi per essere felici?».

«Non so» ho detto; avevo una corrente che mi attraversava dal basso in alto, mi arrivava alla testa. Ho detto «Essere come si vorrebbe e con chi si vorrebbe e dove si vorrebbe». Ho detto «Non avere bisogno di nient'altro al mondo».

La guardavo per capire se era d'accordo, ma stava zitta. Alla fine ha detto «E tu?».

«Io cosa?» ho detto. Non ero affatto preparato a uno spostamento così frontale della prospettiva, eppure c'ero già dentro.

«Sei felice?» ha detto Maria Chiara. «O lo sei stato, non so?»

«No» ho detto. Ho cambiato posizione, ma avrei avuto bisogno di molto di più: muovermi attraverso la stanza, fare giri su me stesso, sedermi di fianco a lei, buttarmi per terra in un angolo lontano. Ho detto «No».

«Mai?» ha detto lei. Mi guardava dritto negli occhi, io la guardavo dritto; sembrava un gioco pericoloso, terribilmente serio.

«No» ho detto: scuotevo la testa.

«Neanche da bambino?» ha detto lei.

Ho detto «Ero un bambino totalmente non-felice». Ho detto «Non-felice di come ero e non-felice di con chi ero, non-felice di dove ero».

«E da grande?» ha detto lei. C'era qualcosa di raro nella sua attenzione: nell'intensità bruciante e anche fragile che le si riversava nella voce e nello sguardo e premeva in cerca di verità.

«Da grande un po' peggio» ho detto; mi è venuto da ridere. Ho detto «Anche le volte che mi sembrava di essere fortunato e di avere quasi tutto per essere felice, c'era sempre uno dei tre elementi fondamentali che mancava. E non ero sicuro di quale dei tre fosse, né di dove trovarlo».

«Così non l'hai mai cercato?» ha detto lei.

«Sì che l'ho cercato» ho detto. «Anche se non in modo sistematico, e non sempre con la stessa intensità.» Mi sembrava che non fosse così, a pensarci adesso con lei davanti: mi sembrava di essermi dimenticato di cercarlo per periodi lunghissimi, essermi accontentato di quello che c'era senza accontentarmi davvero, aver fatto l'abitatore di stati neutri e l'animale da tana. Ho detto «In certi periodi mi sono dimenticato. Ma poi mi tornava in mente di colpo, e riprendevo a cercarlo».

«E non l'hai mai trovato?» ha detto lei.

«A un certo punto mi è sembrato che non fosse neanche così indispensabile» ho detto. «Mi è sembrato di aver messo insieme in un altro modo i pezzi che servivano. Ne sono stato convinto a lungo, avrei potuto giurarci.»

«E poi?» ha detto lei, in un tono che aveva la stessa frequenza estrema del suo sguardo.

«Poi sono caduto male» ho detto.

Lei ha sospirato, ha girato la testa per guardare il corridoio: mi è sembrato di sentire l'energia vitale che le circolava dentro, arrivava alle varie parti della sua persona.

Avrei voluto spazio per altre domande e altre risposte e altri sguardi e altri cambiamenti di posizione, con gli orologi che ticchettavano via il tempo non visti e Alberta che si riprendeva non vista in qualche sala ben attrezzata e Anna che lavorava non vista al centro di equitazione, troppo impegnata per accorgersi che io non c'ero. Mi è sembrato che i danni della caduta fossero peggiorati di un altro grado ancora, ma non era una brutta sensazione, anche se non capivo perché.

Ho detto «E tu?».

Maria Chiara ha mosso le labbra come per rispondermi; invece di colpo è saltata in piedi con una prontezza che non mi aspettavo, ha bloccato il medico giovane che aveva preso in consegna Alberta quando eravamo arrivati di corsa dietro la barella e i barellieri nella concitazione totale. Gli ha detto «Come sta?».

Il medico giovane ha detto «Eh, fuori pericolo», cercava di non fermarsi nemmeno. Ha detto «L'abbiamo ripresa in tempo».

«Ma come sta?» ha detto Maria Chiara, gli bloccava il corridoio.

«Faccia un po' lei» ha detto il medico giovane con la sua faccetta arrogante, come se volesse attribuirle qualche genere di corresponsabilità. Ha detto «Una che butta giù una confezione intera di Palfyx insieme a mezzo litro di vodka. C'è gente che ci lascia la pelle con la metà».

«Ma sta meglio?» ha detto Maria Chiara.

«Dati i presupposti, sì» ha detto il medico giovane. Era curato, con i capelli biondi molto pettinati e una voce di palato. Ha detto «Siamo riusciti a darle una bella lavata prima che fosse tardi. A occhio non sembra che ci siano danni agli organi. Direi che le è andata di lusso».

«Dov'è?» ha detto Maria Chiara. «La voglio vedere.»

Il medico giovane ha detto «Adesso non si può», c'era un vischio di compiacimento nel suo sguardo. Ha detto «Comunque dorme. C'è poco da vedere».

«E quando si può?» ha detto Maria Chiara. Sentivo il suo modo di tendersi di fronte alla provocazione: le tecniche di difesa che aveva sviluppato per muoversi nel mondo e cavarsela da sola ed essere una donna, andare avanti.

«Domattina» ha detto il medico giovane. Ha guardato verso di me che gli chiudevo il passo dall'altra parte, ha detto «Orario visite».

«Io voglio vederla adesso» ha detto Maria Chiara.

Il medico giovane ha scosso la testa; ma era intrigato da lei e dall'intensità non codificata dei suoi modi, si premeva i pollici ai bordi delle tasche del camice. Alla fine ha detto «Solo cinque minuti», come se stesse facendo una concessione straordinaria.

È tornato su per il corridoio con noi due dietro, ogni tanto si girava a guardare Maria Chiara e a fare una piccola battuta idiota sull'impazienza delle donne e sulle affinità tra sorelle e sui metodi efficaci e quelli teatrali di suicidarsi. Maria Chiara non lo ascoltava neanche; le camminavo a fianco con la stessa sensibilità diffusa di prima che cominciassimo a parlarci.

Alberta era in un letto a ruote in una sala di passaggio: un po' meno pallida di quando l'avevamo lasciata ma con i lineamenti allentati e gonfi, le palpebre basse anche se sembrava solo mezza addormentata.

Maria Chiara è andata da lei, sotto il mio sguardo e quello del medico giovane e di un'infermiera. Si è chinata a carezzarle i capelli, ha detto «Ohi, matta?», in un registro dolce e infantile come l'eco di una cantilena.

Alberta ha bofonchiato qualcosa e si è girata su un fianco, si è tirata il lenzuolo sulla testa.

Maria Chiara ha provato a parlarle ancora sottovoce, ma senza reazioni; poi il medico giovane e l'infermiera hanno cominciato a fare gesti per cacciarci fuori.

Nel corridoio siamo rimasti zitti a guardarci la punta delle scarpe e guardare il pavimento e guardare le pareti; ci siamo mossi quasi nello stesso istante. Abbiamo camminato sempre senza dirci niente lungo il corridoio e giù per le scale e lungo l'altro corridoio che portava verso l'uscita, ed ero pieno di nostalgia per lo spazio racchiuso della piccola sala d'attesa. La prospettiva improvvisamente allungata e aperta in fondo mi sfuggiva davanti agli occhi, la luce delle lampade al neon rendeva il percorso scivoloso come ghiaccio; non riuscivo a trovare più nessun modo di tradurre in parole quello che avevo dentro.

Fuori l'aria era umida e già quasi buia, scossa dal rumore del traffico sul lungofiume. Abbiamo fatto pochi passi, tutti e due in posizione di difesa, con il mento basso e le mani nelle tasche. Mi sentivo al margine estremo di qualcosa, e non sapevo cosa.

Maria Chiara si è girata a guardare l'ospedale; è tornata a guardare lo spazio ingombro e vibrante che avevamo davanti. Ha detto «Va be'»: la sua voce appena avvertibile, già quasi andata anche se i suoi piedi non si erano ancora mossi.

«Dove vai?» ho detto, con uno scatto per contrastare l'idea di Alberta nel suo letto a ruote e l'idea di Anna furiosa e preoccupata in campagna, l'idea della strada per tornare alla mia vita che non mi interessava più.

«Non lo so» ha detto lei. Guardava il traffico, ha detto «E tu?».

Il suo non era per niente un tono d'invito o di proposta, ma il fatto che non avesse un percorso già definito da seguire mi ha comunicato un'ansia acuta. Ho detto «Io devo tornare a casa, credo». Ho detto «Fuori città», con un gesto per indicare fuori città. Ho detto «Lavoro con i cavalli». Ho detto «Un centro di equitazione naturale». Ho detto «Non un circolo di caccia alla volpe o un posto da cowboy scemi». Mi costava fatica, cambiavo posizione più di quanto avrei voluto. Ho detto «È lì che sono caduto male».

Lei faceva di sì con la testa; potevo ancora sentire la sua attenzione rara, ma attraverso diaframmi sottili di distanza e tristezza e diffidenza, preoccupazione per altre cose.

Ho sorriso, e non mi veniva bene; ho aperto le mani e le ho lasciate ricadere. Mi sentivo frantumato, con un bisogno inspiegabile di abbracciarla o almeno di appoggiarle la fronte su una spalla e sentire la consistenza del suo cappotto corto di lana grigia e assorbire il suo calore corporeo, non rialzare lo sguardo per minuti interi.

Lei ha mosso le labbra, ha fatto mezzo passo indietro.

Ho fatto mezzo passo avanti, pieno di richieste e spiegazioni senza fine, pensavo solo mancanza mancanza mancanza.

Lei ha detto «Allora buon viaggio».

«Grazie» ho detto, bloccato nell'impulso iniziale di uno slancio con cui avrei potuto abbracciarla davvero. Ho detto «Speriamo che Alberta stia meglio, domani».

«Sì» ha detto lei; ha fatto un altro mezzo passo indietro. Il rumore meccanico era senza forma, senza misura.

«Sì» ho detto io. Stavo immobile a guardarla e a guardare il traffico, con la testa e il corpo attraversati da decine di gesti apparentemente irrealizzabili.

Lei ha detto «Ti saluto»: ancora miracolosamente lì.

Ho detto «Aspetta», come uno che cerca di liberarsi dal più forte attaccatutto che ci sia. La comunicazione sembrava sul punto di essere sopraffatta, le posizioni dei nostri corpi erano indifendibili. Ho detto «Non sono riuscito a chiederti niente».

«Di cosa?» ha detto lei. Non c'era verso di riuscire a restare fermi ancora a lungo: lo sforzo ci logorava tutti e due.

«Di tutto» ho detto. Avevo un accento senza sfumature, difficile da utilizzare. Pensavo che in cinque anni di campagna e cavalli avevo perso anche la capacità di trasformare pensieri e sentimenti e intenzioni in suoni che qualcuno dall'altra parte potesse interpretare in modo chiaro. Pensavo che ero diventato un comunicatore rozzo, una volta fuori da un recinto di legno in cui bloccare il mio interlocutore. Ho detto «La prossima volta».

Maria Chiara ha lasciato passare altri secondi di interferenze; ha detto «La prossima volta».

«La prossima volta» ho detto di nuovo, anche se in base all'istinto e in base all'esperienza ero sicuro che non ci sarebbe stata nessuna prossima volta.

Lei ha ancora esitato, e il tempo la trascinava via come un nastro trasportatore. Ha detto «Ciao»: con un'ombra sottile di incertezza nella voce, una minuscola scorta di possibilità sorprendenti da mettere tra le ruote del tempo e delle cose che succedono.

«Ciao» ho detto, ho guardato uno dei grandi pullman che arrivavano a ondate rabbiose sul lungofiume.

Maria Chiara mi ha fatto un cenno e si è girata, e non ci eravamo neanche dati la mano, è scivolata via senza che io riuscissi a muovermi.

Sono rimasto a guardarla allontanarsi attraverso lo spazio che si allargava e allargava a includere sempre più suoni e movimenti e macchine e persone e manufatti estranei; pensavo che avevo perso anche il controllo delle mie sensazioni, insieme alla capacità di interpretare segnali e trasmettere messaggi. Non avrei saputo dare nessuna definizione a quello che provavo: non avevo più unità di misura, tutto mi sembrava sconfinato e ristretto a niente. Guardavo Maria Chiara camminare verso l'altro lato del viale e poi lungo il marciapiede, la sua figura svelta sempre meno distinguibile nel traffico che tirava cortine accanite tra noi, e di colpo mi è sembrato che tutta la luce e tutto il calore e tutti i significati del mondo se ne andassero via insieme a lei.

Subito dopo l'angolo della scena è diventato troppo largo e ingombro e frastornato per poterlo controllare con un solo sguardo e Maria Chiara ci è sparita dentro, e il mio senso di mancanza è diventato così incontrollabile da staccarmi dalla colla che mi teneva fermo. Sono sceso dal marciapiede a passi sconnessi e mi sono messo a correre attraverso il viale, senza quasi guardare le automobili e le moto e i motorini e gli autobus e i camion che si avventavano avanti a divorare lo spazio.

Avevo la testa piena di frasi e singole parole, e toni e accenti e gesti e sguardi e battiti accelerati di cuore che le spingevano avanti: "Maria Chiara?" e "Ehi, Maria Chiara?" e "Non ti vorrei seccare ma" e "Non ti secca se" e "Magari possiamo fare un pezzo di strada insieme?". Avevo una varietà di sue possibili reazioni, sullo stesso ritmo affannato senza respiro: lei che si girava e sorrideva, lei che mi guardava con un'aria braccata, lei che diceva "Lasciami in pace", lei che non si girava neanche e tirava dritto. Correvo squilibrato dai danni della caduta, contro la distanza che avevo lasciato allargare e contro il rimpianto per le corse che facevo solo una settimana prima per tagliare la strada a un cavallo.

Ma quando sono arrivato all'altro lato del viale tra stridii di freni e suoni di clacson e grida villane di automobilisti, Maria Chiara non c'era più. C'erano solo tronchi di platani e figure che camminavano lungo il muretto dell'argine, schiene e cappotti e teste intollerabilmente estranei man mano che li raggiungevo e li urtavo e passavo oltre. Ho corso fino all'incrocio, dove le macchine e i motorini e i pedoni si dividevano e moltiplicavano per due viali e un ponte e un tunnel e quattro marciapiedi; ho esitato tra le possibili direzioni, e intanto le probabilità di riuscire a riconoscere una specifica andatura e uno specifico insieme di lineamenti in uno spazio così vasto e confuso mi si riducevano intorno a un ritmo vertiginoso.

Ho corso al trotto sbieco sul ponte come un cane

che ha perso la traccia e il terreno e il padrone; sono arrivato a metà e sono tornato indietro e ho cambiato direzione di nuovo, ho corso fino all'altra sponda del fiume dove le possibilità si moltiplicavano in modo ancora più incontrollabile. Sono stato fermo a cercare di distinguere qualcosa tra il traffico e la gente a piedi, poi sono tornato indietro attraverso il ponte senza neanche più guardare.

Mi sembrava di essere riprecipitato a una versione di me che credevo chiusa in una fase lontana, fatta di slanci bloccati e ritardi irrimediabili, paesaggi straordinari appena intravisti e lasciati scivolare via, tentativi di convincermi che i momenti a cui appartenevano sarebbero tornati una seconda volta, trasportati da qualche miracoloso convogliatore ellittico. Pensavo a come invece non erano mai tornati: a come l'insieme di circostanze rare che non ero riuscito a fermare si era perso nell'infinita trama di circostanze non rare di cui sono intessute la ripetizione e la noia e la delusione. Pensavo a come nel territorio protetto del centro di equitazione mi ero convinto di essere diventato un afferratore di situazioni al punto di guardare indietro con sufficienza a quello che ero stato, e adesso ero al punto di prima. Facevo queste considerazioni nel rumore e nel fumo e nel movimento meccanico moltiplicato, e mi deprimevano al punto che avrei potuto buttarmi sotto il primo pullman che mi ruggiva incontro: c'era una distanza minima tra pensiero e fatto, avevo il piede sinistro sull'orlo del marciapiede.

Poi senza nessuna ragione ho alzato lo sguardo, e ho visto Maria Chiara che camminava verso di me con aria assorta. Mi è venuto un lampo di sollievo così violento che ho rischiato di scivolare di lato mentre passava; invece sono riuscito a toccarle un braccio all'ultimo istante utile, ho detto «Ehi».

Lei si è fermata di soprassalto, ha fatto un mezzo giro ed è andata indietro per lo spavento.

Ho detto «Non volevo spaventarti», in un accento quasi indistinguibile; avevo tutti i muscoli della faccia bloccati dall'incredulità, non riuscivo neanche a sorridere.

Siamo stati fermi nell'aria disturbata, e mi sembrava di essere già quasi pronto a lasciarla andare via una seconda volta. Ho fatto un guizzo per reagire: ho detto «Non è incredibile?». Ho detto «In tutto questo casino?». Facevo gesti con la mano destra, mi tenevo in movimento sulle gambe per metabolizzare la sorpresa, non ricadere nel vischio intollerabile di pensieri curvi e sensazioni doppie e dubbi su me stesso fusi insieme.

Lei ha detto «Stavo per tornare a casa» quasi in tono di giustificazione; guardava il traffico.

Mi ci è voluto uno sforzo ancora più intenso per dire «Se vuoi ti accompagno», non ascoltare la parte di me che non voleva chiedere o suggerire niente o comunque mettersi nella posizione di farsi rispondere di no.

Lei ha detto «Se vuoi». Non sembrava particolarmente contrariata né contenta, aveva già ripreso a camminare verso il lato del fiume dove c'eravamo lasciati.

Le ho camminato di fianco; cercavo di tagliare fuori i segnali negativi, non registrarli. Pensavo a quanto mi aveva viziato muovermi in un campo di offerte e richieste preindirizzate al centro di equitazione, dove con un gesto o un semplice movimento del corpo ottenevo più effetti che con qualunque complessa articolazione di parole. Adesso invece le parole mi sembravano le uniche ali possibili con cui tenermi almeno a mezz'aria, e dovevo muoverle con tutta l'energia che avevo se non volevo restare a terra.

Ho detto «Ci avevo rinunciato».

«A cosa?» ha detto lei; camminava con lo stesso passo veloce e leggero di quando se n'era andata via. «A trovarti» ho detto. Non riuscivo a leggere le sue espressioni: inseguivo il suo profilo e acceleravo l'andatura, cercavo di parlare più veloce dei miei pensieri. Ho detto «Ero abbastanza sgomento, appena sono rimasto lì da solo». Ho detto «Abbastanza devastato, in realtà».

Lei ha detto «Lo so». Ha detto «Uno si chiede se avrebbe potuto fare di più, prima».

«Sì» ho detto, ma ero stupito dalle sue parole. Ho detto «Mi sembrava di essere capace solo di nuotare nelle acque ferme del dopo, come una rana vigliacca».

Lei mi ha dato un'occhiata rapida; ha detto «Però con Alberta è sempre così. Non c'è verso di prevenire niente. È lei che non te lo lascia fare».

E non pensavo affatto ad Alberta quando parlavo di sgomento e di devastazione, ma non mi sembrava di poterglielo dire. Ho detto «Non te lo lascia capire, neanche». Mi sono passate nella testa due o tre immagini di Alberta; memorie tattili della nostra breve distanza zero.

Abbiamo attraversato l'incrocio complicato alla fine del ponte, siamo scesi per un controviale qualche metro più in basso del lungofiume, dove un muro sulla sinistra creava un riparo parziale al rumore del traffico. Ho cominciato ad avere paura che l'aria improvvisamente meno satura potesse lasciarci troppo scoperti; ho detto «Non è assurdo, se ci pensi? Il modo che hanno di vedere quello che ha fatto Alberta? Come se fosse un guasto metà patetico e metà irritante in un meccanismo perfetto?».

Maria Chiara ha girato la testa; la luce nei suoi occhi mi ha spinto a continuare senza scelte di parole.

Ho detto «Arriviamo da chissà dove in questi corpi,

e ci fanno imparare e memorizzare codici come se dovessimo usarli per sempre, e invece siamo totalmente provvisori. Ma nessuno ce lo spiega, lo scopriamo da soli e quasi sempre quando è troppo tardi».

Lei aveva rallentato il passo, così che riuscivo a camminarle di poco più avanti e a vederle la faccia a intervalli, ma non a capire cosa pensava.

Ho detto «Uno si costruisce un modo di essere e tutti fanno finta che quella sia la sua forma definitiva, garantita senza limiti di chilometraggio». Parlavo per approssimazione, a scatti, come uno che allunga le mani in un corridoio buio e spera di riuscire a prendere qualcosa.

Maria Chiara non diceva niente, non mi guardava.

Ho detto «C'è questa eternità artificiale». Ho detto «Questa estensione fasulla degli orizzonti, per farci credere che navighiamo verso un futuro infinito anche se in realtà siamo in uno stagno con i fondali dipinti».

Non capivo se era d'accordo o invece era irritata da quello che dicevo, o pensava ad Alberta e non mi ascoltava neanche.

Ho detto «Uno è innamorato, e tutto il mondo sembra dargli l'idea che continuerà a esserlo indefinitamente. Poi di colpo invece non lo è più, e sembra che dipenda solo da una sua colpa o da un suo errore. Uno vive, e poi si accorge che la vita gli si è già consumata per un quarto o un terzo o metà, e tutti sorridono e gli dicono che è solo un pensiero inutile e pericoloso. Come un ostacolo su un'autostrada, da togliere di mezzo per andare avanti e avanti e avanti a essere quello che si è sempre stati».

Lei teneva le mani nelle tasche del cappotto, guardava dritto; non era una vera conversazione. Le camminavo di fianco e continuavo a parlare, come se non avessi limiti di tempo o di energia o di attenzione.

111

Ma sapevo che invece stavano per finire, ed era una consapevolezza che diventava più acuta man mano che ci avvicinavamo a casa sua. Ho detto «Non abbiamo minimamente idea di come il tempo sia un bene che si consuma». Ho detto «Di come ci siano cose che ti scivolano fra le mani e non si fanno più riprendere, se non riesci a tenerle molto strette subito».

Siamo arrivati all'angolo della via stretta, e avevo la sensazione che mi stesse per scivolare via tutto tra le mani: le parole e la strada e la luce residua della sera e lei. A pochi passi dal piccolo portone dov'ero venuto a suonare di pomeriggio mi sono fermato, ho detto «E adesso?».

Lei si è fermata un metro oltre; era in ombra e io no. Ha detto «Adesso cosa?».

Ho provato a sorridere, ma non ci riuscivo; il cuore mi batteva male.

Lei ha inclinato la testa, si è guardata la punta di un piede, e tornata più in luce; un motorino è passato in fondo alla via, con un rumore di grosso insetto pazzo.

Ho detto «Ognuno se ne va a casa sua e basta? Finito tutto?».

Lei mi ha guardato; c'era una tensione nei suoi lineamenti ma non si decideva a un'espressione. Ha detto «Io so solo che ho bisogno d'acqua».

«Anch'io» ho detto, con una forma di sollievo ancora più intensa di quando l'avevo rivista sul ponte. Ho detto «C'era un bar, là nella via».

«Non parlavo di bere» ha detto lei. Si è girata verso casa sua, si è girata verso di me; ha detto «Ho bisogno di togliermi questa roba di dosso». Ha fatto un breve gesto a due mani dall'alto verso il basso, per indicare i suoi vestiti o la sua persona o tutto quello che era successo nel pomeriggio.

Di colpo mi sono reso conto della fatica che le costava stare in piedi e mantenere un'espressione e un timbro di voce: avrei voluto porgerle un braccio perché ci si appoggiasse. Ho detto «Certo», anche se non capivo cosa intendeva di preciso, né chi era di preciso.

Lei ha detto «Parlavo di nuotare», senza più gesti.

Di nuovo siamo stati fermi sul selciato irregolare, con gesti e movimenti e parole bloccati all'inizio; ognuno dei due avrebbe potuto dire o fare qualsiasi cosa o niente del tutto. Lei ha detto «Va be'» e io ho detto «Aspetta» quasi nello stesso istante: abbiamo ondeggiato nella sovrapposizione di suoni.

Ho detto «Non posso venire anch'io?».

Lei ci ha pensato un secondo o due, poi ha detto «Se vuoi»: come se fosse a una distanza di sicurezza dall'idea, e io non avessi usato un tono da mendicante da semaforo. Ha fatto un gesto verso la sua casa, ha detto «Salgo due minuti e torno».

L'ho seguita fino davanti al piccolo portone e l'ho vista sparire dentro; sono rimasto fuori da solo, così scosso che mi tremavano le gambe. Non riuscivo a capire cos'era che mi spingeva con tanta forza a restare con lei lontano da Anna e dalla mia vita conosciuta, ma avevo una percezione vivida del momento che era iniziato lì ore prima e che ancora continuava a contenerci.

Camminavo nella via stretta, mi giravo ogni pochi secondi per vedere se lei era scesa; ho guardato la facciata della sua casa, e non c'era nessuna finestra illuminata, non ero neanche più sicuro che lei mi avesse mai detto di aspettarla. L'ombra della sera assorbiva i contorni delle cose, rendeva impreciso qualunque tentativo di valutazione. Mi si era acutizzato l'udito, in compenso: avevo le orecchie piene di passi lontani e soffi di gatti nascosti e suoni di televisori attraverso muri, mi sembrava che avrei potuto anche sentire Maria Chiara scendere le scale ma non la sentivo.

Poi quando ero ormai convinto che non sarebbe più

scesa l'ho vista in piedi davanti al piccolo portone con il suo zainetto in spalla, e non aveva prodotto nessun suono. L'ho raggiunta; lei ha detto «Andiamo?».

Abbiamo camminato in silenzio per altre vie strette, assorti e rapidi nello stesso modo. Ogni tanto ci sfioravamo a un angolo improvviso, braccio contro braccio o fianco contro fianco per una frazione di secondo; ma guardavamo avanti. Non avevo più nessuna concatenazione improvvisata di parole da far vibrare a mezz'aria, nessun pensiero ansioso da usare come sonda o come collegamento. Camminavamo insieme, e mi sembrava già molto, lungo un percorso ai margini del traffico e dei ritmi normali della città. C'erano pochi suoni che arrivavano da lontano e passavano subito, pochi movimenti smorzati nel buio crescente dove si accendevano luci.

Alla fine Maria Chiara si è fermata, davanti a una porta in un muro antico. Siamo entrati; dentro c'era una tipa grassa con un grembiule azzurro, ha detto «Ciao Mari», ha fatto cenno di passare. Siamo andati in fondo a un corridoio ad archi, usciti in una specie di orto conchiuso dove c'era un grande albero di fico e un padiglione vetrato con una vasca d'acqua verde illuminata. Maria Chiara ha detto «Arrivo subito», è sparita prima che riuscissi a capire da che parte.

Sono entrato nel padiglione vetrato, nell'aria calda e densa da serra; mi sono tolto il giaccone, mi sono seduto su una panchetta di legno a un estremo della vasca. Respiravo lento, come uno dei primi anfibi nella scala dell'evoluzione, senza pensieri né immagini, assorbivo solo le sensazioni del luogo.

Dopo uno spazio di tempo difficile da misurare Maria Chiara è tornata, con un costume intero nero che la faceva sembrare molto bianca per contrasto e un asciugamano verde sulle spalle. Ha indicato l'acqua, ha detto «Tu non vuoi?».

E avrei voluto sì, ma non avevo un costume né un asciugamano, e mi sembrava di essere troppo acciaccato dalla caduta per nuotare secondo lo spirito anfibio che mi pervadeva. Ho scosso la testa, ho detto «Sto qui».

Lei non ha insistito; è scivolata fuori dall'asciugamano, ha fatto una breve corsa e si è tuffata.

L'ho guardata nuotare sotto il pelo dell'acqua, allungata ed elastica fino in fondo alla vasca. È uscita a prendere fiato, e aveva un'espressione totalmente diversa da quando era vestita e in piedi e in difesa rispetto al mondo: i suoi lineamenti sembravano distesi da una serenità originaria. È andata sotto di nuovo, ha percorso tutta la vasca con uno slancio regolare di braccia e gambe. Ho sentito lo sbuffo del suo respiro tra le pareti di vetro, con un nucleo di suono staccato come una parola in un linguaggio lontano. Guardavo le increspature sulla superficie dell'acqua, la sua figura che tornava indietro sotto le piccole onde che aveva prodotto. Avevo ancora caldo ma non avrei saputo dire caldo rispetto a cosa, non mi restava più nessun punto medio in base a cui misurare niente.

Maria Chiara ha continuato a nuotare sott'acqua e poi ha nuotato in superficie, a rana e a dorso e a crawl e di fianco ma sempre con la stessa avidità gioiosa e disperata, come se attingesse a un nutrimento essenziale e anche ci si consumasse. Soffiava e prendeva fiato, scendeva in verticale finché restavano fuori solo i suoi piedi e poi con uno scatto ulteriore sparivano anche quelli; la sua figura scivolava raso al fondo nella trasparenza mobile. Ogni suo movimento mi sembrava una domanda, troppo semplice e troppo complessa da formulare; e il movimento subito dopo mi sembrava una risposta. La guardavo dalla panca al bordo della vasca, pensavo a tutta la fatica stolida che avevo fatto a tenere insieme i pezzi della mia vita. Ed ero sicuro che ci fosse un segreto in ogni immagine filata che mi passava attraverso gli occhi, in ogni suono sgocciolato che mi arrivava ai timpani.

Alla fine lei ha appoggiato le mani sul bordo ed è saltata fuori con un colpo di reni, ha preso l'asciugamano così rapida che non sono quasi riuscito a vederla; se l'è strofinato con forza sul corpo e sui capelli, come se facesse parte di un rituale necessario. Assorbivo la vibrazione che produceva e assorbivo il suo respiro, con un'attenzione così concentrata da provare brividi nelle ossa.

Si è avvolta nell'asciugamano e mi è passata vicino, senza quasi guardarmi ma con un'ombra di sorriso sulle labbra. Mi sono voltato con secondi interi di ritardo: lei era già fuori dal padiglione vetrato, l'ho vista camminare lungo il corridoio ad archi.

Sono rimasto ad aspettarla vicino alla vasca, e mi sembrava che l'acqua conservasse una memoria chimica o elettrica del suo nuotarci dentro e dell'energia vitale che aveva sprigionato. Poi sono uscito nel corridoio, l'ho aspettata appoggiato di schiena al muro con il giaccone tra le mani. Non avevo fretta, avrei potuto restare lì in attesa tutta la notte.

Quando alla fine lei è arrivata aveva le guance colorite per il movimento, i capelli corti ancora mezzi bagnati a ciocche. Mi ha guardato ed è andata verso l'uscita, l'ho seguita nello stesso modo silenzioso. Fuori l'aria era più fredda e buia di quando eravamo entrati, ma avevamo una scorta di caldo e di luce che ci faceva camminare per le vie come visitatori di un altro pianeta protetti da involucri invisibili. Abbiamo rifatto all'inverso la strada da cui eravamo venuti, poi lei ha cambiato direzione, senza dire niente. Ho pensato a una frase possibile da dire sull'acqua e sul suo modo di nuotare, ma quelle che mi venivano in mente avevano una qualità rozza da cattive traduzioni; ci ho ri-

116

nunciato, mi sono perso di nuovo nel dialogo senza parole tra i nostri profili e i nostri passi.

Abbiamo camminato attraverso una piazza animata da luci di bar e ristoranti e gente che si disperdeva e coagulava in piccoli gruppi; le voci e le risa e i suoni di motori scivolavano oltre come segnali lontani. Mi chiedevo quanto ancora poteva durare la nostra comunicazione silenziosa; quanto mancava a che l'involucro del momento si rompesse di colpo e ci lasciasse esposti e obbligati a dividerci o almeno a dare e chiedere spiegazioni.

Siamo saliti lungo una pendenza di collina tra grossi edifici addormentati, abbiamo continuato su per i gradini bianchi di una scalinata, siamo sbucati in un piazzale con una grande fontana illuminata; al di là di un muretto si vedevano le luci della città nel ronzio lontano di traffico. Maria Chiara si girava e guardava di lato e camminava all'indietro, come se avesse una rete mentale così fine ed estesa da raccogliere i particolari più minuti senza bisogno di fermarsi e neanche di rallentare. Facevo come lei: nuotavo nel paesaggio e nella notte, nella sollecitazione continua della sua presenza al mio fianco. Non cercavo di interpretare le mie sensazioni, non anticipavo nessuno sviluppo possibile; ero contagiato dalla sua vicinanza, con tutte le cellule sature.

Siamo scesi per una strada che tornava alla città in basso; giù per una scorciatoia di terra battuta che tagliava le curve; di nuovo sull'asfalto; su gradini di pietra; su un selciato irregolare: sembrava che avessimo una varietà infinita di fondi e inclinazioni su cui camminare insieme in silenzio.

Poi quasi senza preavviso né tempi di adattamento siamo stati di nuovo nella via stretta, davanti al piccolo portone. Ci siamo guardati in modo frontale per la prima volta dopo molto, e mi ha fatto uno strano effetto avere una visione diretta della sua faccia invece di un profilo in movimento da registrare a scie: mi sono sentito in difficoltà, senza punti di appoggio.

Ho detto «Bene» prima che lo dicesse lei; ero impreparato a qualunque tipo di sviluppo. Lei ha frugato nel suo zainetto, ha tirato fuori delle chiavi. Ha detto «Vuoi venire su?» o forse non lo ha detto.

Ero in ritardo sul significato della sua domanda, ammesso che ci fosse stata; le sono andato dietro solo in base al fatto che lei aveva aperto il piccolo portone e mi guardava in attesa.

L'ho seguita su per le scale che avevo salito nel pomeriggio senza neanche sapere che lei esisteva. Avevo un punto di vista che oscillava dai suoi piedi ai miei e si perdeva nell'intonaco dei muri, mi lasciava tre gradini indietro.

Siamo entrati nel piccolo soggiorno dove ore prima ci eravamo mossi convulsi e inefficaci intorno ad Alberta sdraiata a faccia in giù: sembrava vuoto e fermo, adesso. Maria Chiara si è tolta le scarpe mentre camminava sul legno chiaro, le ha buttate in un angolo, ha aperto una porta ed è scomparsa in un altro punto della casa. Il cane Speke è schizzato fuori, ad abbaiare e ringhiare e saltarmi intorno con i denti scoperti come se mi considerasse responsabile della scomparsa della sua padrona. Ho cercato di calmarlo a toni di voce ma non funzionava, così mi sono fatto seguire in cucina, sono uscito con un salto e l'ho chiuso dentro.

Ho camminato su e giù per il soggiorno, avrei voluto togliermi anch'io le scarpe e girare in circoli con le braccia in fuori; ho girato in circoli, ma non ampi, perché le travi del soffitto scendevano con un angolo brusco e i dolori alla spalla e alle costole e all'anca mi limitavano i movimenti con un'avarizia ridicola. Ho pensato che mentre camminavo di fianco a Maria Chiara me ne ero dimenticato completamente, per tutta la strada che avevamo fatto.

Guardavo il pavimento vicino al divano blu, dove Alberta era stata immobile come una ex nuotatrice di oceani: non c'era nessuna traccia. Gli unici segnali di quello che era successo erano per sottrazione, nel silenzio appena graffiato dall'abbaiare del cane dietro la porta della cucina. Cercavo di non farmici risucchiare: sono andato al pianoforte, ho fatto scorrere le dita in un paio di scale blues. Era lievemente scordato, ma con un suono dolce e pieno.

Mi sono seduto, ho suonato l'inizio di *Time Passes Slowly* di Dylan. Erano cinque anni che non toccavo un piano e riuscivo a usare solo il pollice e il mignolo della sinistra, ma ce l'avevo in testa e nelle dita nel modo più sorprendente, sopravvissuta tutta intera a uno spazio infinito di non-musica. Sono andato avanti, canticchiavo le parole a mezza voce; poi ho spostato lo sguardo e c'era Maria Chiara ferma sulla porta, a piedi nudi e con le mani nelle tasche dei calzoni. Ho smesso subito, sono saltato su; ho detto «Ha un bel suono», con un gesto verso il piano.

Lei non si è mossa, continuava a fissarmi.

Mi facevano male i muscoli della spalla sinistra, non sapevo come muovermi.

Maria Chiara ha detto «Com'è che la sai?».

Ho detto «Così». Ho detto «Volevo solo provare il piano».

Lei ha detto «Ma proprio questa?».

«Mi è venuta in mente» ho detto; ero in uno stato di fibrillazione.

Lei ha detto «È una delle mie due canzoni preferite al mondo».

«È una delle *mie* due canzoni preferite» ho detto.

Eravamo in piedi a forse quattro metri di distanza,

e sembrava che andassimo uno verso l'altra come due cieli che si vanno incontro ma in realtà non ci muovevamo, eppure potevo sentire la forza dello spostamento: nuvole e gesti e parole che ci passavano sopra le teste.

Lei ha detto «Di tutte quelle che potevi suonare».

Ho pensato che in altri momenti della mia vita non avrei avuto difficoltà ad avvicinarmi, ma adesso non ci riuscivo.

Lei sorrideva appena.

Ho detto «Posso togliermi le scarpe?».

Lei ha detto «Fai»; ma si è allontanata, e avrei voluto che almeno restasse dov'era.

Mi sono tolto le scarpe e le calze, le ho messe in un angolo.

Maria Chiara è andata a un tavolo vicino alla finestra, ha schiacciato i tasti di una segreteria telefonica: sono usciti soffi e fruscii di nastro; una voce di uomo che diceva «Alberta? Alberta?» e doveva essere Riccardo; un'altra voce di uomo che diceva «Alberta? Gino per il tavolo»; di nuovo la voce di Riccardo che diceva «Alberta? Dove diavolo sei?»; un'altra voce di uomo che diceva «Maria Chiara? Sono a Roma»; ancora la voce di Riccardo che diceva «Alberta? Alberta?»; la voce di prima che diceva «Maria Chiara, sono io». Lei schiacciava il tasto CANCELLA prima che ogni messaggio arrivasse alla fine, *bip bip bip* voce dopo voce; ha sbuffato, ha fatto un piccolo gesto di liberazione.

Ma le voci registrate sono rimaste nell'aria come una barriera mobile tra noi, e l'ultima più delle altre, con la sua ombra di familiarità come un liquore maturato in cantina. Sono andato a guardare fuori dalla finestra: il tetto e la facciata della casa di fronte, il vicolo buio alonato di lampioni radi. Ho pensato ad Anna in campagna, a come doveva essere fuori di sé dalla rabbia e probabilmente anche dalla preoccupazione, a questo punto; ho pensato che avrei dovuto tornare, o almeno telefonare, farle sapere qualcosa. Ero sospeso, non riuscivo a capire in che direzione andare.

Maria Chiara ha messo un disco nello stereo: *Visions of Johanna* ha riempito la stanza, immagini e sensazioni in ogni onda e ricciolo di suono.

Ho detto «E questa è la seconda» o l'ho solo pensato; non riuscivo a crederci, avevo un passo ondeggiante come se camminassi sulla gomma.

Maria Chiara ha sorriso, e mi è sembrato di conoscere da sempre la piega della sua bocca e il suo modo di muoversi; si è seduta sul divano blu, ha cominciato ad arrotolare una delle sue sigarette sottili.

La guardavo e guardavo altrove; c'era un'oscillazione di vicino-lontano a ogni sguardo, mi provocava una strana forma di dolore nella regione del cuore. Andavo in giro per il soggiorno pieno di musica e di visioni liquide ed elettriche, cercavo di rintracciare la storia dietro la forma di ogni oggetto: un binocolo con una vecchia cinghia di cuoio, due maschere a muso di animale forse sudamericane intagliate in un legno leggero, un piccolo quadro che raffigurava una signora con una vera penna di gallina faraona in testa. Sfioravo tutto con le dita, le ritraevo subito per non farmele pungere da troppi spilli di significati.

Sono tornato verso Maria Chiara; lei mi ha porto la sigaretta sottile senza dire niente. Ne ho preso due tiri, e anche questo non lo facevo più da anni: la mia percezione del tempo si è dilatata ancora.

Ho detto «Era fantastico vederti nuotare, prima». Non era quello che volevo dire, ma avevamo camminato zitti e con un altro tipo di comunicazione così a lungo, mi veniva difficile verbalizzare.

«Era strano averti lì seduto» ha detto lei. Ha inspirato dalla sigaretta sottile.

«Anche per me» ho detto.

«Mi vergognavo» ha detto lei.

«Anch'io» ho detto, con una piccola onda di riflusso che mi riportava indietro.

«Davvero?» ha detto lei. Gli occhi le ridevano, tutta la sua figura era palpitante di curiosità e non-certezza.

«Sì» ho detto. Ho preso un altro tiro: le nostre mani si sono sfiorate. Ho detto «Ma solo all'inizio. Poi ero lì e basta».

Lei guardava il pavimento; ha detto «Non c'ero abituata».

Ho detto «Neanch'io». Le guardavo i capelli, le guardavo le mani e i piedi nudi; non riuscivo a immaginare come avremmo potuto essere altrove invece che nella stessa stanza, separati da decine di chilometri di notte vuota e buia. Mi è venuto un senso di precarietà totale; mi sono seduto all'altro capo del divano, ho detto «È che in realtà non sono più abituato a *niente*, in questo momento preciso».

Lei ha riso; e mi piaceva la linea delle sue labbra e il taglio dei suoi occhi, la linea del suo naso. Mi piaceva tutto quello che potevo immaginarmi di lei, e il pochissimo che sapevo: il suo modo di essere viva e attenta e in movimento.

Siamo stati zitti di nuovo, ci passavamo da fumare come avremmo potuto farlo sul ponte di una nave, guardavamo avanti anche se non c'era niente da guardare. Il fumo non facilitava la situazione: la rendeva più densa, lenta.

Ho detto «Tu pensi che io abbia qualche genere di responsabilità in quello che ha fatto Alberta?».

Lei si è girata, con le sopracciglia contratte in un modo che mi faceva venire da ridere anche se ero molto serio. Ha detto «Perché?».

«Così» ho detto. «Non so.» Avevo la lingua pesante, mi sembrava di incontrare una resistenza anche solo a muovere di poco le mani. Ho detto «Ci siamo visti due volte in tutto. La prima non ci siamo quasi parlati, ero mezzo morto».

«E la seconda?» ha detto lei.

Ho detto «La seconda ci siamo parlati». La spalla sinistra mi faceva male al punto che non riuscivo a restare appoggiato al divano; ho detto «Ci siamo baciati, anche». Avevo bisogno di illuminare le zone d'ombra prima che potesse arrivarci da sola: spiegarle anche la mia situazione con Anna, metterle la mia intera vita davanti come una mappa semplificata, facile da leggere.

Lei ha sorriso appena, ha guardato via.

Ho detto «Ma è stata una cosa così». Ho detto «Una cosa tra due persone che sono vicine di colpo e basta». Adesso aprivo troppo la bocca nella mia ansia esplicativa, le vocali si dilatavano come porte e lasciavano passare ogni genere di significati incontrollati. Ho detto «È stato solo un bacio».

Maria Chiara ha detto «Guarda che non devi spiegarmi niente». Teneva le mani sulle ginocchia, nervose.

«Sì, invece» ho detto, anche se avrei voluto solo tornare indietro di qualche minuto e stare zitto e immobile.

«Non ce n'è bisogno» ha detto lei. Si è piegata in avanti a stringersi le caviglie, si è dondolata due o tre volte. Ha detto «Comunque non c'entri niente con quello che ha fatto Alberta. Lo ha fatto per una storia del cavolo che va avanti da sei mesi, con un vigliaccone flanellone che la vuole e non la vuole».

«Va be'» ho detto. «Non cercavo di farmi rassicurare.» Non ero rassicurato: avevo paura di vederla andare via portata da una corrente di cose non dette, non capite.

123

Lei si è alzata, e cercavo di capire perché trovavo sorprendente il suo modo di alzarsi e sedersi e muoversi in generale, come se le bastasse immaginare una nuova posizione nello spazio per assumerla un istante dopo. Ha attraversato il soggiorno verso la cucina, ha aperto la porta; il cane Speke è schizzato fuori in una nuova frenesia di salti e abbaiamenti.

Le sono andato dietro, con il cane che mi girava intorno e ringhiava; ho detto «Non è che io di solito vada in giro a baciare le sconosciute».

«No?» ha detto lei. Ha guardato nel frigorifero, ma non doveva vederci molto di interessante, l'ha richiuso.

Mi sembrava che non sarei riuscito comunque a spiegarle niente; non avevo nessuna fiducia nei miei strumenti di comunicazione. Ho fatto qualche passo lungo una parete; ho detto al cane «Ehi, Speke». Sulla porta del frigorifero erano attaccate piccole tessere magnetiche di parole che messe una sopra l'altra formavano delle poesie: una diceva

mi
chiedi
di
riempire
il
vuoto
io
lo
strappo

Maria Chiara ha visto che le guardavo; ha detto «Anche queste vengono così. Un po' come un bacio tra due che sono molto vicini di colpo». Ha preso una piccola scatola trasparente da sopra una mensola e me l'ha fatta vedere, era piena di piccole parole magnetiche. Ha detto «Me l'ha regalata un amico. Il punto è scegliere le parole, ma non proprio *sceglierle*. Ti devono capitare tra le mani. Non è come pensarle e scriverle. Non è come decidere e controllare tutto». Ha detto «C'è un margine che non dipende affatto da te». Ha posato la scatola, ha fatto un gesto per sminuire quello che aveva detto, non dargli troppa importanza statica.

Ma ero incantato; non riuscivo a smettere di guardare il frigorifero.

Un'altra diceva

mi
piace
la
nostra
ombra
enorme

Mi chiedevo l'ombra di chi; e chi era l'amico che le aveva regalato la scatola di parole, e cosa intendeva lei per amico; in che spirito le aveva messe insieme, a che ora, quando; cos'aveva fatto subito dopo, subito prima.

Poi senza che mi rendessi conto del passaggio lei aveva preso un barattolo di miele e due cucchiaini e si era seduta al tavolo e mi ci ero seduto anch'io, stavamo mangiando miele alla luce calda della lampada di carta arancione. Era miele di castagno, scuro e denso: lo guardavamo filare lento dal cucchiaino al barattolo di vetro e ci appoggiavamo il cucchiaino tra la lingua e il palato, sorbivamo il sapore zuccherino con il suo fondo amaro. Non parlavamo, stavamo seduti angolati rispetto al tavolo e con una gamba in fuori; avevamo sguardi perimetrali che ci passavano lungo i contorni e scivolavano lungo i mobili, lungo la cornice della porta-finestra che dava su un piccolo terrazzo. Il tempo era ancora più dilatato: cancellava i confini dei gesti, li faceva diventare come pennellate lunghe.

Maria Chiara si è alzata e ha preso un cartone di latte nel frigorifero, ha preso due bicchieri. Ero pieno di ammirazione per il suo equilibrio e per l'energia che la animava, ma anche incerto dello sviluppo di ogni movimento, in bilico tra naturalezza e tensione, voglia di restare affondato nelle sensazioni e bisogno di saltare in piedi e dirle tutto quello che provavo, stringerla tra le braccia.

Lei ha posato il cartone di latte sul tavolo, mi guardava. L'ho versato io nei due bicchieri con una cautela estrema, come se la minima goccia potesse provocare un danno irreparabile alla situazione. Lei se ne è resa conto, seguiva con uno sguardo da laboratorio i miei gesti per arrivare a un dito dall'orlo in ciascun bicchiere. Ci siamo messi a ridere nello stesso modo: attraversati dalla stessa corrente.

Ho detto «Mi ero dimenticato di quanto riesco a sentirmi a disagio con me stesso, madonna».

Lei rideva, mi guardava con la testa inclinata.

Ho detto «Sai quando ti sembra di avere i gesti sbagliati e la voce sbagliata e la faccia sbagliata? Come vestiti comprati senza sceglierli davvero, che ti stanno troppo larghi o troppo stretti e ti pesano addosso e ti intralciano tutto il tempo e non ti lasciano muovere come vorresti, ti fanno venire voglia di strappàrteli di dosso?». Non mi preoccupava apparirle rotto e fragile rispetto al mondo; non riuscivo neanche a pensare di riprendere la recita di forza pratica e resistenza alle avversità che mi era riuscita così bene fino a prima della caduta.

Lei ha detto «Neanch'io ho mai avuto i vestiti giusti». Ha fatto un gesto per indicare il suo golf grigio:

mi sembrava di conoscere da sempre anche le sue mani.

Ho detto «Però non ho mai visto nessuno con un'eleganza più naturale della tua. Potresti metterti addosso un sacco di iuta, staresti benissimo». Ma non volevo farle complimenti, e non era di vestiti veri che stavamo parlando.

Lei si è messa una mano sulla fronte, ha detto «Era la stessa cosa che mi diceva mia madre da bambina, quando mi passava i vestiti smessi di mio fratello».

«E non ti piaceva?» ho detto, con due o tre immagini plausibili di lei bambina vestita da maschio.

«Per *niente*» ha detto, come se parlasse di una cosa ancora troppo vicina. Ha detto «Camminavo per la strada e avrei voluto sparire, tanto mi sentivo goffa e sbagliata. Andavo a scuola, c'erano tutte le mie compagne con i loro colletti e le loro gonnelle perfette, mi sentivo una povera derelitta».

Ho detto «So cosa intendi», ridevo. Non riuscivo a credere che mi fosse così simile, e così vicina: una persona di aspetto e di sesso opposto al mio, cresciuta e vissuta e andata in giro per il mondo lungo percorsi di cui non sapevo niente. Non riuscivo a credere alla facilità con cui ci parlavamo, e alla complicazione che c'era appena sotto. Ho capito che era per questo che mi ero baciato con Alberta: per come brillava di un piccolo riflesso di sua sorella. Ho detto «E quando sei cresciuta?».

Lei ha detto «Ho cercato di rifarmi». Ha detto «Quando ho preso i soldi per il mio primo lavoro sono andata e mi sono comprata un cappello di paglia a falda larga con il nastro che avevo invidiato per mesi a una tipa che conoscevo. Me lo sono messo per un anno di seguito, anche se era un cappello estivo».

«Ma ti stava bene» ho detto, perché avevo delle

immagini molto definite di lei con il cappello, e mi piacevano anche se mi riempivano di sgomento.

«Ero ridicola» ha detto lei.

«E poi?» ho detto, con lo sguardo che passava lungo le linee della sua faccia e ci si perdeva, e la sensazione che avremmo potuto usare parole del tutto diverse e comunicarci esattamente le stesse cose.

«Poi ho avuto altri vestiti» ha detto lei. «Ma anche quando mi stavano abbastanza bene erano sempre di qualcun altro.» Ha spinto lontano il barattolo del miele; ha detto «Ne ho provati di stili diversi, anche. Di *molto* diversi. Ma non erano mai i miei».

Si è alzata ed è andata a buttare il suo cucchiaino nel lavello, si è sciacquata le mani. I vestiti che aveva addosso sembravano molto suoi, invece; ma l'avevo vista nuotare nella vasca di acqua verde, capivo cosa voleva dire.

Mi sono alzato anch'io, ho detto «E credi che non ci sia niente da fare?».

«No» ha detto lei, scuoteva la testa. Ha detto «Ci sono alcune persone che non riescono mai a trovare i loro vestiti, da nessuna parte».

Ho riso, eppure mi rendevo conto di ascoltarla con apprensione crescente, come se avessi paura di restare deluso da quello che diceva, in uno spazio di tempo troppo breve per reagire.

Lei si è girata, ha detto «Sei stato gentile a venire all'ospedale e tutto».

«Non l'ho fatto per gentilezza» ho detto. Mi sembrava di non riuscire a stare bene in piedi, di pendere da un lato in una contrattura di muscoli o sentimenti. Ho detto «Non esisteva nessuna alternativa possibile»; cercavo di tenermi dritto.

Lei ha detto «Sei stato gentile lo stesso». Anche queste parole avrebbero potuto essere sostituite con altre: era il flusso in andata e ritorno che contava.

Ho detto «Sei tu che sei speciale».

«Anche tu» ha detto lei.

Era terribile dirci queste cose a due metri di distanza, e non riuscire ad avvicinarci, restare impigliati nelle parole come pesci in una rete. Mi chiedevo se dipendeva da quello che era successo ad Alberta o dalla mia perdita di dimestichezza con le donne o dai danni della caduta o dal pensiero di Anna nel retro del mio cervello, da ragioni più semplici o più estese.

Maria Chiara è uscita dalla cucina, senza dire niente ma con uno sguardo che mi tirava nella sua scia.

L'ho seguita nel soggiorno, e non riuscivo a immaginare di andarmene ma neanche di restare. Lo spazio della stanza sembrava troppo esteso rispetto al nostro calore corporeo, le pareti troppo lontane rispetto all'estensione dei nostri gesti; eravamo stanchi e scossi, sperduti allo stesso modo.

Poi lei si è seduta al pianoforte, leggermente obliqua e a testa bassa, con le dita caute sui tasti. Ha suonato una piccola melodia lenta, e malgrado la timidezza del suo tocco era un distillato in forma di musica di quello che avevo visto e sentito e immaginato in lei dal pomeriggio in poi. Ha smesso quasi subito, ha detto «Basta».

«Perché?» ho detto. La guardavo da appoggiato alla parete, non riuscivo a muovermi; ho detto «Continua».

«È tutto qui» ha detto lei. «Non so fare altro.» Ha detto «Era il piano di mia madre».

«Allora risuonalo» ho detto. Mi sono avvicinato di qualche passo, ma a fatica; ho detto «Per piacere».

Lei ha detto «Dài». Muoveva le gambe, seduta sullo sgabello; ha detto «Non ci riesco, se mi guardi così».

«Non ti guardo» ho detto. «Chiudo gli occhi.» Mi sono accovacciato sul pavimento, a un metro e mezzo dal piano; ho detto «Non li apro finché non hai finito, te lo giuro». L'anca sinistra mi faceva male, ma questo contribuiva ad accentuare la mia ricettività: potevo sentire il suo respiro e il fruscio della stoffa dei suoi vestiti, mi arrivavano come un soffio tiepido sulle palpebre chiuse e sul dorso delle mani.

Lei ha suonato di nuovo, la cadenza lontana che mi arrivava al cuore e al cervello; ha sbagliato una nota, ha detto «Uffa», ha ripreso dall'inizio. Potevo sentire il movimento delle sue dita e dei suoi polsi e la tensione nelle sue gambe, il gioco dei martelletti nel meccanismo interno del pianoforte, lo scorrere delle note attraverso la sua memoria; lo sbuffo leggero di quando ha finito.

Ho riaperto gli occhi: lei era girata di lato sullo sgabello, con le guance colorite per l'imbarazzo e la tensione. Ha detto «È un pezzetto di Bach. L'ho sentito in un film, mi piaceva così tanto che me lo sono fatto insegnare».

«Che bello» ho detto. E non volevo neanche pensare a chi glielo aveva insegnato o quando; volevo stare attaccato al qui e all'adesso, senza nessuna escursione verso il prima o il dopo o l'altrove. Ho detto «Suona qualcos'altro, dài».

«So solo questo» ha detto lei.

«Non è possibile» ho detto. «Non ci credo.»

Lei si è messa una mano sul collo, ha detto «Ne so anche un altro, ma non mi viene bene».

«Suonalo» ho detto. «Per piacere.»

Lei ha suonato She's Like a Rainbow dei Rolling Stones, con un ritmo variabile e una o due note false, ma era magico quanto il pezzo di Bach, e le corrispondeva altrettanto.

Non ho più chiuso gli occhi, ero in piedi di fianco a lei; quando lei ha finito ed è saltata su ci siamo guardati da mezzo metro, con un genere di emozione non controllabile. Ho pensato di allungare una mano fino a toccarle una tempia; ho pensato che lei stesse ferma per un istante e poi mi appoggiasse la fronte alla spalla nello stesso identico modo in cui avrei voluto farlo io con lei fuori dall'ospedale.

Invece siamo stati a guardarci e non guardarci a breve distanza, con gravi difficoltà a trovare una posizione o un'espressione stabile. Sono andato verso la finestra e lei è tornata a sedersi sul divano; sono tornato verso il divano e lei è andata a chiudere il pianoforte. Mi sono seduto; rialzato; lei ha fatto una giravolta lenta.

Ho pensato di dire "Forse sei stanca", ma non l'ho detto.

«Sei stanco?» ha detto lei.

«Sì» ho detto, e in realtà ero al di là della stanchezza e della non-stanchezza, fuori dal perimetro di qualunque sensazione normale. Ho guardato verso il mio giaccone posato sullo schienale di una sedia, ho guardato la porta d'ingresso. Ho detto «Adesso vado». Sono andato a riprendere le mie scarpe e calze, me le sono infilate con una fatica meticolosa fatta di troppi gesti; quando ho provato a fare un passo sembrava che pesassero un quintale.

Maria Chiara ha detto «Devi ancora guidare per tutta quella strada fino alla campagna».

«Non è grave» ho detto, anche se mi sembrava una forma terribile di autodeportazione. Pensavo alla strada nella notte, ad Anna nel cottage-baita, al tempo non spiegato che continuava a espandersi tra me e lei. Ma erano pensieri opachi, non riuscivano a prendere la forma di immagini definite come quelle che avevo davanti agli occhi. Guardavo Maria Chiara, e non sapevo se salutarla subito o mettermi prima il giaccone; se aspettare ancora. Ho detto «Ci vediamo domattina presto da Alberta all'ospedale? Appena ci fanno entrare?».

«Sì» ha detto lei. Non si muoveva; l'involucro del momento continuava a non lacerarsi.

Sono andato a prendere il mio giaccone dalla sedia dove l'avevo appoggiato; non credevo di poter uscire davvero, non credevo di poter scendere le scale gradino per gradino e camminare all'aperto fino alla macchina e guidare nel buio attraverso la distanza.

Maria Chiara ha detto «A che ora ci fanno entrare?». Si mordicchiava le labbra, ha detto «Tu lo sai?».

«No» ho detto. Ho fatto un passo verso di lei; ho detto «Vengo qui alle sei. Così siamo sicuri di arrivare all'ospedale appena apre». Mi sembrava che invece non ci fosse niente di sicuro se andavo via; tutti i miei sentimenti erano tirati come bande elastiche.

Lei ha fatto di sì con la testa; sembrava pallida e spaventata, non una persona da lasciare sola nella notte.

Ho pensato ancora ad Anna e al centro di equitazione: sguardi e parole che mi passavano attraverso la testa, e riuscivano solo a rendere ancora più innaturale l'idea di andarmene. Mi sono infilato il giaccone, mi ha fatto sentire schiacciato a terra come la più inutile e avvilente delle armature.

Lei ha detto «Ciao», con un cenno come se stesse per girarsi e andare in un altro punto della casa.

Ho detto «Ciao», ho fatto un cenno simile. Ma non bastava neanche lontanamente; sono andato verso di lei con il cuore che mi batteva a strappi, anticipazioni di uno strappo molto peggiore. Le ho appoggiato una mano su una spalla, e lei mi è precipitata contro: ci siamo stretti e stretti con la forza di uno spasmo totale fatto di bisogno e riconoscenza e sollievo allo stato puro. Era un abbraccio in cui perdere tutti gli ordini e le suddivisioni che avevamo e non ritrovarli più; un'elasticità infinita che partiva dalle nostre parti più interne e ci attraversava strato a strato fino ad affiorare alla superficie dei muscoli e alla pelle e tornare indietro con un brivido che si rompeva in spasmi più brevi come le scosse intermittenti di un pianto molto lontano. Era un abbraccio che non assomigliava a nessun altro abbraccio della mia vita, anche se avessi potuto sforzarmi di ricordare: come uno sbadiglio di tutta l'aria respirabile del mondo, un terremoto maremoto che ci toglieva l'appoggio di sotto e ci sommergeva e ci portava molto in alto e molto in basso e ci lasciava dove eravamo.

Ho provato ad andare indietro con la testa per guardarla in faccia, ma lei aveva gli occhi chiusi e continuava a premermi contro, la distanza si è richiusa per pura forza di gravità e per forza delle nostre inclinazioni. Non sembrava che potessimo più staccarci: non sembrava che potessimo smettere di sentire i nostri pesi e le nostre consistenze fusi insieme, il senso di ritrovamento e di rifugio, di casa e di isola, di pericolo mortale scampato.

Poi mi sono sfilato il giaccone perché mi pesava troppo addosso, e poco alla volta ho sentito le forme di Maria Chiara affiorare dalla mancanza di forma in cui eravamo persi, l'idea specifica di essere abbracciato a lei dall'universalità del nostro abbraccio; ho cominciato a ricavare piccole distanze dalla nostra mancanza di distanza, catturare dettagli ravvicinati della sua persona e della sua faccia. Ho mosso le mani lungo la sua schiena per sentirle la vita e i fianchi, le ho dato un bacio sul collo e su una tempia e sulla fronte per avvicinarmi ancora più di come eravamo già vicini; l'ho baciata sulle labbra. Mi è salita dentro una voglia indirizzata di prendere e avere, dare contorni al non distinguibile, tracciare percorsi e scrivere nomi e trovare una via d'uscita e anche una possibile fine alla tensione che ci attraversava, trascinare sopra a tutto un reticolo di gesti compiuti.

Le ho dato un altro bacio sulla bocca e le ho aperto le labbra con la lingua, e attraverso il corpo e le mani che la premevano e stringevano ho sentito un tremito diverso che le passava dentro; sono andato indietro con la testa, l'ho guardata in faccia e ho visto che piangeva.

Mi sono staccato, ho detto «Cosa c'è?». Ho detto «Cos'hai?», avevo il sangue improvvisamente gelato.

Lei ha detto «Niente», ma continuava a tremare e singhiozzare, non riusciva a smettere.

Ho detto «Ehi, ehi», le ho carezzato la testa. Ho detto «Calma», facevo gesti disperati che avrebbero dovuto sembrare rasserenanti. La mia spinta verso di lei aveva perso qualunque specificità di nuovo, ero invaso di sgomento. Ho detto «Siediti un po' qui»; ho cercato di trascinarla verso il divano ma non ci riuscivo, me la sono lasciata scivolare via.

Lei è andata verso la finestra, si è appoggiata con la fronte al vetro.

Sono andato a posarle una mano sulla schiena e a parlarle vicino a un orecchio, ho detto «Maria Chiara?».

Lei è rimasta ferma, senza smettere di piangere e senza cercare di liberarsi dalla mia mano.

Ho detto «Cosa c'è?». Le guardavo i capelli e la nuca, le spalle; ero in uno stato di sconnessione totale, non sapevo cosa fare. Ho detto «Se è qualcosa che ho fatto mi dispiace».

Lei si è girata a guardarmi, aveva gli occhi e le ciglia bagnati; ha cercato di sorridere, ma non ci riusciva.

«È per Alberta?» ho detto, con una crepa che mi tagliava attraverso il cuore; non capivo.

Lei si è girata di nuovo contro il vetro, sembrava danneggiata al di là di qualunque possibilità di recupero.

E avrei potuto buttare giù una dose doppia delle pillole e della vodka di Alberta, per come la stanza era invasa di dispiacere e incomprensione dove solo pochi minuti prima c'era stata gioia senza limiti. Mi è venuto da gridare come avevo fatto una volta con un cavallo con cui non riuscivo a comunicare in nessun modo: la stessa mancanza di risorse arrivata al diapason. L'ho fatto più forte, al centro della stanza mentre Maria Chiara singhiozzava alla finestra: ho gridato «EEEEEEEEEEEEH!» al punto di sentire la vibrazione di ritorno dai muri e dai vetri. Non facevo più nessun affidamento sulle parole e nemmeno sui gesti che conoscevo; ho battuto le palme delle mani fino a farmi male, con l'intensità originaria e senza alternative di un selvaggio che pretende qualche genere di miracolo contro forze troppo complesse per le sue risorse.

Poi ho guardato di nuovo verso Maria Chiara, e aveva un'espressione stupita che non mi aspettavo.

Ho detto «Non devi». Ho detto «Per piacere».

«E perché?» ha detto lei; si è asciugata le lacrime con il dorso della mano, mi guardava.

«Perché siamo qui insieme» ho detto. «Perché cinque minuti fa eravamo felici.» Non riuscivo a parlare in modo calmo, o a guardarla in modo calmo: perlustravo i suoi lineamenti in cerca di suggerimenti, spiegazioni.

Lei ha scosso la testa: incredula, stanca. Ha detto «Felici?».

«Sì» ho detto. «Io lo ero, almeno.» Ho detto «Certo non avrei voluto essere nessun altro al mondo, o con nessun altro al mondo, o in nessun altro posto al mondo».

Lei mi guardava con la testa inclinata, respirava piano.

E avevo voglia di abbracciarla di nuovo, ma avevo paura di rompere il suo equilibrio come prima; ho detto «Nessuno».

«Perché siamo stati improvvisamente vicini?» ha detto lei. «Come con Alberta?»

135

«No» ho detto; mi sono venute lacrime agli occhi per la fatica della comunicazione, gli inseguimenti e scavalcamenti di ragioni. Ho detto «Con Alberta era solo un riflesso di te». Ho detto «Me ne sono reso conto appena ti ho vista».

Lei è andata a prendere una scatola di fazzoletti di carta sul tavolo, si è soffiata il naso. È tornata a sedersi sul divano blu, ha cominciato a trafficare con le sue cartine per farsi un'altra sigaretta sottile.

Di nuovo ero incantato dai suoi movimenti: da quello che contenevano, quello che rivelavano e proteggevano. Ma avevo una forma di cautela estrema nei suoi confronti, cercavo di non mandarle il minimo segnale di allarme. Mi sono seduto sul pavimento a forse un metro e mezzo da lei, finché ha acceso e ha preso due o tre tiri, mi ha detto «Vuoi?».

Abbiamo fumato in silenzio, io seduto per terra e lei sul divano, dovevamo allungarci a ogni passaggio e ogni volta era un piccolo gesto di riavvicinamento, subito dopo tornavamo a distanza di sicurezza.

Mi venivano in mente le cose che mi aveva detto Alberta citandola, di come gli uomini e le donne sono animali di specie diverse, che si mandano segnali e li interpretano secondo codici diversi. Non capivo se questo aveva a che fare con il suo pianto di prima e come.

Mi veniva in mente una varietà di messaggi inviati o ricevuti fuori tempo o fuori contesto: tentativi di dialogo andati a vuoto e ripetuti in varianti altrettanto sbagliate, equivoci, delusioni, attese inutili.

Maria Chiara mi guardava, triste ma anche aperta, senza muri.

Ci tenevamo d'occhio con sguardi marginali; il puro fatto di essere vicini era impegnativo come la più intensa delle attività fisiche. Non capivo se avrei dovuto essere più attivo rispetto alla situazione o lasciarla tranquilla, vedere come si evolveva. Non capivo se c'era tempo; se avrei dovuto tornare a prendere il mio giaccone, pensare ad altro, dire qualcosa. Maria Chiara ha detto «I cavalli sono molto diversi tra loro?». Ha detto «Di carattere?». «Incredibilmente diversi» ho detto. «Come le persone, più o meno.» Ero grato alla sua curiosità non prevedibile; mi sentivo più leggero, percorso da nuova elettricità. Ho detto «Hanno un solo codice, e abbastanza forte, ma appena guardi sotto la superficie, c'è una complicazione sorprendente di rapporti e di combinazioni».

«Sì?» ha detto lei; la luce nel suo sguardo mi faceva quasi male.

«Sì» ho detto, e non ero neanche sicuro che le interessasse davvero, ma andavo avanti comunque. Ho detto «Lo scopri quando devi metterli insieme in uno stesso recinto». Ho detto «Non parliamo di quando devi cercare di accoppiarli». Mi sembrava di muovermi in un campo minato, dove un solo passo o una sola parola potevano risultare fatali; ma era un campo morbido nello stesso tempo, invitava ad attraversarlo. Ho detto «Hanno una varietà straordinaria di ragioni caratteriali e fisiche per piacersi o non piacersi. Può essere il colore del pelo o la rapidità o la lentezza, o l'attaccatura della coda, o il modo di accostarsi all'acqua o di piegare il collo, non so». Ho detto «Basta per farli diventare nemici inavvicinabili, o per attrarli con tanta intensità che non riesci più a separarli».

Lei ha detto «Davvero?», sembrava stupita dal mio modo di parlare e forse da quello che dicevo.

Ho detto «Sì». Ho detto «Diventano pazzi, se solo provi a separarli. Cominciano a correre tutto intorno al recinto e a nitrire con la testa alta e le orecchie dritte e le narici dilatate, sono capaci di saltare qualunque recinzione. Di buttarla giù, anche». Ho detto

«Dal di fuori se non ne sai niente ti sembra che un cavallo sia un cavallo, più o meno, e che anche per loro dovrebbe essere la stessa cosa, e invece ci sono mille motivi follemente intensi e sottili che fanno la differenza tra uno e l'altro».

«E tu riesci a vederli?» ha detto lei, mi guardava fisso.

«A volte riesco a intuirli» ho detto. «Ma non sempre.» Ho detto «Non sono cose evidenti, se non sei quello specifico cavallo o quella specifica cavalla».

Poi d'improvviso eravamo alla fine delle nostre risorse tutti e due: gli occhi ci si chiudevano, non riuscivamo nemmeno più a stare seduti. L'energia che ci aveva attratti e allontanati a onde violente e fatti muovere e parlare e ascoltare con tutta l'intensità del mondo si era ritirata da un secondo all'altro, ci aveva lasciati così deboli e vuoti da farci cadere all'indietro. Maria Chiara ha detto «Io devo dormire».

«Anch'io» ho detto, ma non capivo come avrei potuto mettermi in viaggio per la campagna.

Lei ha detto «Se vuoi dormi qui», ha indicato il divano.

Ho detto «Grazie», mi sarebbe andata bene anche una coperta sul pavimento.

Invece alle tre e mezza di notte ero sveglio, la stanchezza e l'agitazione mi contraevano i muscoli in una molla continua. Non avevo neanche pensato a chiudere gli scuri, la luce dei lampioni entrava dalla strada e dava la stessa polvere lattiginosa ai vuoti e ai pieni, come in una scatola di illusioni spaziali. Mi immaginavo Maria Chiara nella sua stanza in fondo al breve corridoio: era strano essere nella stessa casa, separati da diaframmi di muri e porte, forse svegli allo stesso modo.

Mi sono seduto sul divano, facevo fatica a respirare. Avevo nel corpo una memoria del nostro abbraccio, e del riflusso subito dopo, e del nostro starci di fronte subito prima, e queste tre bande di tempo mi si sovrapponevano in forma di una pressione continua alle costole. Mi chiedevo se ero davvero tornato a una fase della vita in cui la mia capacità di interpretazione era incerta e senza conferme, o invece ero andato avanti al punto di non riuscire più a leggere nessun segno per quello che era senza vedermelo frammentare davanti in miliardi di sfaccettature incontrollabili.

Ho pensato di andare nella stanza di Maria Chiara: di attraversare il corridoio, appoggiare una mano sulla maniglia. Ho pensato al suo possibile sguardo da sotto le coperte o forse da seduta sul letto; alle possibili parole o non-parole tra noi, i possibili gesti. Ma questi pensieri avevano lo stesso spirito contraddittorio degli sguardi e dei gesti e delle parole che c'erano stati tra noi: andavano avanti a scatti e tornavano indietro, mi bloccavano sul bordo del divano, con il fiato corto e il cuore irregolare.

Cercavo di respirare meglio; la mia vita conosciuta continuava a slittarmi di sotto sempre più lontana e irriconoscibile; non vedevo come avrebbe potuto essere una notte di sonno.

Sette

Mi sono svegliato per un'esplosione che ha fatto tremare i muri e il tetto e i vetri della finestra: sono saltato su con il cuore frenetico e ho buttato la coperta di lato, ma c'era solo un'eco di vibrazioni nell'aria e la stanza non era distrutta e non era la mia stanza con Anna nel cottage-baita ma un piccolo soggiorno sconosciuto e non ero nel mio letto ma su un divano leggermente inclinato in dentro alla base dello schienale. C'era una luce grigia dalla finestra, minacciosa. Ci ho messo qualche secondo a ricostruire dov'ero e come mai, e qualche minuto a normalizzare i battiti del cuore. Non mi sembrava di avere dormito molto né di essermi riposato; avevo una memoria di rivoltolamenti senza fine, lampi di parole e sguardi a ogni cambio di posizione, slanci e domande e paure rinnovate, dolori rinnovati in ogni punto del corpo.

Mi sono lasciato ricadere all'indietro sul cuscino, ho richiuso gli occhi. Subito mi hanno attraversato la testa immagini di Anna e del centro di equitazione e di mille questioni pratiche sospese, ognuna con una variazione di distanza ma tutte con la stessa aura di danno permanente: richieste di spiegazioni, cavalli e cumuli di fieno e sacchi di cemento e operai e clienti in attesa, espressioni di rimprovero e di rabbia, dispiacere inutile. Era una guerra in preparazione, mi sembrava di sentirla crescere nel silenzio che ha continuato a dilatarsi fino a che si è rotto in un altro scoppio terribile che ha fatto tremare la casa.

Sono saltato su di nuovo nello scuotimento di vetri, di nuovo con il cuore che mi batteva selvaggiamente. Maria Chiara era nel soggiorno a pochi passi da me, in jeans e maglietta e a piedi nudi, ha detto «Hai sentito?».

«Sì» ho detto, riparato dietro la protezione leggera della coperta, invaso di nuova incredulità all'idea di essere lì.

Lei è andata verso la finestra, mezza spaventata e mezza curiosa, sicura nella sua casa e anche timida sotto il mio sguardo; ha detto «È una specie di uragano».

Mi sono infilato i pantaloni e la camicia in un istante, e il vento fuori ha cominciato a soffiare e la pioggia a battere sui vetri, un altro tuono è arrivato da più lontano. Sono andato anch'io verso la finestra, pieno di pensieri di tetti che perdono e foraggio bagnato e cavalli spaventati e strade sterrate impraticabili e linee elettriche saltate e devastazioni da fulmini. Ho detto «Non c'è niente che si possa rovinare o distruggere, qui?».

Maria Chiara ha scosso la testa, con una luce interrogativa negli occhi; ha detto «Non credo».

Camminavamo da un punto all'altro del soggiorno come se ci girassimo intorno in un recinto, e per quanto cambiassimo posizione e ci fermassimo e guardassimo altrove era difficile fare finta che non fosse così.

Ho piegato la coperta; lei cercava qualcosa sul tavolo vicino alla finestra battuta dalla pioggia e dal vento. Ha detto «Ci siamo dimenticati di chiudere gli scuri, ieri notte».

«Sì, ma ho dormito benissimo lo stesso» ho detto,

in un tono così poco convincente che mi è venuto da ridere; quando ho alzato gli occhi anche lei rideva.

Sono andato in bagno, e a guardarlo dalla finestra l'uragano sembrava crescere di intensità. Non mi sono fatto la barba perché non avevo un rasoio; ho chiuso gli occhi davanti allo specchio perché non volevo un'idea troppo definita di come Maria Chiara mi poteva vedere. Mi chiedevo se eravamo ancora tutti e due dentro il momento che era cominciato il pomeriggio prima; se uno dei due stava per uscirne con le sue gambe; se il momento stava per finire indipendentemente da noi. Mi chiedevo se si sarebbe affievolito poco alla volta come una luce che si smorza, o rotto da un istante all'altro con la violenza di uno dei tuoni che continuavano a scuotere la casa; se ci saremmo trovati fuori senza quasi accorgercene, o scaraventati a riva come due naufraghi di una nave distrutta. La mia vita conosciuta tornava indietro a battere alla finestra in cerca di risposte e mi premeva sul cuore; sono tornato nel soggiorno.

Maria Chiara non c'era, c'era solo il rumore del vento e della pioggia che investivano la casa, il cane Speke che ticchettava sul legno del pavimento con le zampe rigide e tremava di tensione e mi ringhiava sommesso. Sono andato in cucina: Maria Chiara era lì che metteva sul fuoco la macchinetta del caffè, ha detto «Ehi». Si era infilata un golf blu a maglie larghe, alla luce fredda della porta-finestra aveva l'aria di non avere quasi dormito neanche lei.

Ho guardato il piccolo terrazzo dove l'acqua scorreva a fiumi, mi è venuto un brivido di incertezza.

Lei ha detto «Ho chiamato l'ospedale, aprono tra mezz'ora. Ho provato a chiedere di Alberta, ma c'era un tipo odioso, diceva che non può dare nessuna informazione al telefono».

Ho detto «Facciamo prima ad andare». La tensione

impaziente nella sua voce mi preoccupava; avrei voluto che tornasse come quando eravamo rientrati la notte prima, senza nessuna urgenza di cose da fare. Ho detto «Vedrai che sta bene».

Lei ha detto «Hai freddo?».

«Un po'» ho detto; ed ero stupito che se ne accorgesse, e di avere freddo, di ammetterlo. Non mi sembrava di avere avuto freddo per anni, e ancora meno di averlo ammesso, neanche nelle peggiori notti d'inverno quando Anna mi svegliava per chiedermi di riempire di nuovo la stufa e io lo facevo solo per accontentarla pensando che le sue erano fisime da cittadina non temprata. Di nuovo mi è venuto in mente il centro di equitazione sotto la pioggia devastante, Anna piena di ansia e di rabbia, in difficoltà di fronte agli eventi. Ho pensato di telefonarle, dirle almeno dov'ero e chiederle com'era la situazione; ma non avevo nessuna voglia di mettere in contatto la mia vita conosciuta con il momento, rischiare di distruggerlo e finire annegato nella tempesta.

Maria Chiara mi è passata oltre, ci siamo sfiorati: due persone che hanno passato metà della notte a parlarsi e l'altra metà a non dormire e attraversano di continuo una banda di familiarità e non-familiarità che magnetizza ogni loro movimento.

Mi sono seduto su uno sgabello, l'ho guardata tirare fuori il latte e due tazze e cucchiaini, piegare due tovaglioli di carta. Ho detto «Ti aiuto». Lei ha fatto di no con la testa, nel frastuono dell'uragano e nel tempo in restringimento continuo che ci separava dall'apertura dell'ospedale. Avremmo potuto essere su una cima di collina, trasformata da un'alluvione in un'isola di grandezza decrescente; avremmo potuto essere le uniche due persone rimaste al mondo, e lei avrebbe avuto la stessa indipendenza sostanziale dalle circostanze.

Ha versato il caffè e il latte nelle due tazze senza chiedermi niente, me ne ha porta una. L'ho avvicinata alle labbra; lei ha detto «Aspetta». Sorrideva, ha detto «*Scotta*».

Ho fatto di sì con la testa, ho socchiuso gli occhi.

Lei ha detto «Sapevo che doveva piovere, ma non pensavo proprio un uragano».

«Come lo sapevi?» ho detto. Mi sembrava che riuscisse a trasmettermi delle immagini senza mediazione di parole: bastava che muovesse una mano, o girasse la testa.

«Così» ha detto lei. Ha posato un pacchetto di biscotti sul tavolo; ha detto «Lo sentivo».

Ci siamo seduti sulle sedie di paglia, la pioggia scrosciava sul tetto e batteva contro la porta-finestra e allagava il terrazzo. Aspettavo che lei facesse il primo gesto: appena ha preso un sorso di caffelatte ne ho bevuto anch'io, ci ho inzuppato un biscotto con avidità estrema.

Lei ha detto «Hai fame?», rideva.

«Sì» ho detto. In realtà mi sembrava di morire di fame e di non averne affatto; mi sembrava che mangiare i suoi biscotti e bere il suo caffelatte fossero modi di acquisire almeno una piccola parte di lei, farla diventare mia.

C'erano pochi biscotti nel pacchetto; li abbiamo mangiati tutti senza parlare, assorti e improvvisamente accelerati, persi. Non avevo dubbi di sentire tutto quello che sentiva lei: mi sembrava di essere nelle piante dei suoi piedi nudi sul pavimento e nelle sue mani che prendevano e lasciavano pesi variabili, nelle sue labbra sul bordo della tazza, nella sua gola che deglutiva il caffelatte caldo, nei muscoli del suo collo mentre si girava a guardare verso la porta-finestra, nei suoi occhi che mi fissavano e si spostavano subito altrove. Avevo la vista e l'udito e il tatto così all'erta che mi facevano male; potevo cogliere un respiro o un battito di ciglia con una frazione di secondo di anticipo sul suo manifestarsi.

Maria Chiara ha guardato una sveglia su una mensola, ha detto «Dobbiamo andare». Si è alzata, con una frazione di secondo di ritardo sulla mia anticipazione.

«Certo» ho detto, anche se avrei voluto che Alberta non esistesse neanche; che non ci fosse nessuno al mondo in grado di produrre interferenze tra noi. L'ho guardata uscire dalla cucina in cerca di scarpe; non capivo come potessimo buttarci fuori davvero nell'uragano, andare da qualsiasi parte. Anche il cane Speke sembrava perplesso: ci è venuto dietro nel soggiorno, emetteva guaiti come cigolii di porte.

Siamo entrati nell'ospedale sotto una cascata d'acqua che scrosciava dalla pensilina, con sacchetti di plastica in testa e i vestiti e le scarpe bagnati per la corsa raso ai muri. Ho guardato Maria Chiara mentre attraversavamo il pavimento dell'atrio coperto di segatura, e l'apprensione che avevo per sua sorella non bastava a controbilanciare la gioia di essere bagnato e ansimante e in movimento esattamente come lei. Abbiamo camminato veloci lungo i corridoi, fianco a fianco come la sera prima, producevamo elettricità a ogni sfregamento e piccolo urto. Gli sguardi dei parenti in visita e dei malati in vestaglia e delle infermiere e dei medici mi sembravano conferme mute a quello che ci stava succedendo, come se avessimo un alone di neon colorato che ci seguiva, visibile a chiunque. Avrei voluto camminare con lei in un labirinto senza soluzione di corridoi e scale, non raggiungere mai un punto d'arrivo.

Invece alla fine siamo arrivati al reparto dov'era ricoverata Alberta; un'infermiera ci ha indirizzato verso una porta. Siamo entrati insieme, credo con la stessa consapevolezza acuta dei rischi che correvamo. Alberta era nel letto vicino alla finestra in una stanza a quattro letti di cui uno era vuoto, uno occupato da una signora molto anziana e l'altro da una ragazza grassa. Ci ha guardati da seduta, con due grandi cuscini dietro la schiena, la faccia pallida da grande bambina, la treccia allentata, i capelli tirati all'indietro meno del solito. Appena Maria Chiara si è avvicinata le ha detto «Arturo?».

«È con Riccardo, stai tranquilla» ha detto Maria Chiara, nel tono protettivo che aveva con lei. La pioggia batteva sui vetri della finestra, non accennava minimamente ad attenuarsi.

Mi tenevo un metro indietro, per non confermare i possibili equivoci del nostro bacio e non rivelare niente di quello che sentivo per sua sorella. E mi dispiaceva molto per lei e per tutte le cose che non andavano nella sua vita e per i torti che aveva subito da bambina, ma adesso che la vedevo fuori pericolo e in possesso di sé avevo voglia di tornare fuori con Maria Chiara, rituffarmi nella nostra concentrazione uno-su-uno prima che fosse troppo tardi. Ho fatto un passo avanti, ho detto «Hai già un'altra faccia».

Lei ha detto «Mi sembra di avere lo stomaco pieno di cotone e la lingua di carta vetrata».

Sembrava che avesse una forma di impermeabilità alle considerazioni difficili, anche; che la sua natura la distraesse in un continuo andirivieni lungo percorsi secondari. Erano due sorelle così diverse, mi faceva impressione vederle vicine.

Maria Chiara le ha carezzato i capelli, ha detto «Betta scema, cosa cavolo vai a fare?».

Ero commosso dalla loro familiarità, e ne ero geloso: del loro modo di comunicare senza parole, sulla base di puri messaggi corporei.

147

«Speke?» ha detto Alberta.
Ho detto «Sta benissimo. Pronto di riflessi come sempre». Pensavo che era stata una specie di messaggera di sua sorella; che gliene ero riconoscente, qualunque cosa succedesse tra me e Maria Chiara.
Maria Chiara ha detto «Stanno tutti benissimo. Non ti preoccupare di nessuno. Pensa solo a rimetterti in sesto».
«Sono *già* in sesto» ha detto Alberta; mi colpiva come giocava il ruolo della minore. Ha indicato un'infermiera che entrava in quel momento, ha detto «Diteglielo anche voi che posso tornare a casa».
Ma non sembrava tanto in sesto, e non avevo voglia che tornasse a casa proprio adesso, ad assorbire tutta l'attenzione di sua sorella e spostare con il suo peso l'equilibrio del momento; ho detto «Non è più prudente se resti ancora un po'?».
«A fare che?» ha detto Alberta, con una furia appena attenuata dalla sua difficoltà di parola. Ma sembrava in grado di buttare via lenzuola e coperte e saltare giù dal letto senza l'autorizzazione di nessuno, andare verso la porta prima che potessimo fare niente.
Maria Chiara ha parlato con l'infermiera, e l'infermiera ha detto che c'era bisogno di altri controlli e analisi prima di poterla far tornare a casa. Maria Chiara ha insistito per vedere un medico, nel modo che le avevo visto la sera prima. L'infermiera ha cercato di stendere una barriera di vaghezze ma era in difficoltà, faceva gesti lunghi.
Guardavo la pioggia sui vetri e sentivo il rumore del temporale fuori, mi evocavano nuove immagini catastrofiche di Anna e del centro di equitazione. Ero sballottato tra questa angoscia e l'angoscia di allontanarmi anche solo di poco da Maria Chiara; non sapevo come fare. Spostavo gli occhi da Alberta nel suo letto a Maria Chiara che parlava con l'infermiera vici-

no alla porta; il cervello e i muscoli delle gambe mi facevano male per la smania di movimento. A un certo punto l'infermiera è andata a chiamare il medico e Maria Chiara è tornata verso il letto di sua sorella; ho detto «Io esco un attimo»; ho detto «Faccio una telefonata e torno»; ho detto «Torno subito». Maria Chiara ha fatto di sì con la testa; mi sono girato prima di avere decifrato davvero il suo sguardo, l'ansia mi stava diventando intollerabile.

Sono andato veloce giù per il corridoio, ho chiesto indicazioni a un infermiere con un carrello e a un malato in pigiama e a una signora in impermeabile da marinaio norvegese; ho salito una rampa di scale tre gradini alla volta, ho corso nell'odore di ammoniaca fino a una sala dove alcuni malati e parenti di malati stavano raggruppati intorno a due telefoni arancioni a parete. La pioggia scrosciava su un lucernario alto, potevo vedere il grigio cupo del cielo e i bagliori dei lampi mentre andavo avanti e indietro, con i pensieri in corsa affannata tra Maria Chiara al piano di sotto e Anna lontana decine di chilometri. Mi faceva impazzire che la mia vita conosciuta continuasse ad avere molte più garanzie esterne di tutto il resto, malgrado la distanza e i sentimenti in gioco e quello che io volevo.

Alla fine sono riuscito ad aggrapparmi a uno dei due telefoni prima di una coppia di padre e figlio con identiche teste di pecora, ho infilato quattro monete da duecento lire, fatto il numero; la pressione di ragioni e impulsi e spiegazioni da dare mi era cresciuta dentro al punto di farmi dire «Anna?», farmi dire «Pronto?» nel ricevitore alla prima scarica statica sulla linea.

Ma Anna non è arrivata a rispondere, per quanto avessi i timpani che già vibravano su due o tre suoi possibili toni. Non è scattata neanche la segreteria telefonica, con la mia voce che spiegava gli orari di apertura del centro di equitazione e la strada per arrivarci da Roma: doveva essere saltata la corrente come succedeva anche con temporali molto meno violenti di questo. Ho provato a richiamare, e Anna ha continuato a non rispondere e la segreteria telefonica a non scattare, la pioggia a scrosciare a fiumi sui vetri del lucernario; la luce del giorno era ridotta a niente rispetto a quella velenosa del neon. Il padre dalla testa di pecora mi è venuto ancora più addosso, ha detto «Non trova nessuno?», spalleggiato dal figlio.

Gli ho passato la cornetta, ho detto «Chiami pure lei». Ho rifatto di corsa il corridoio e le scale e il corridoio al piano di sotto, come se la questione di Anna e della mia vita conosciuta fosse risolta o almeno accantonata. Non avevo voglia né tempo né attenzione né energia per doveri e impegni morali e gesti decenti e considerazioni mature: volevo solo vicinanza continua, sensazioni non interrotte.

Davanti alla stanza di Alberta ho incrociato il medico giovane della sera prima che usciva seguito da Maria Chiara, diceva «È meglio per tutti» nel suo tono di superficialità arrogante.

Maria Chiara mi ha fatto un cenno con la testa, ha detto «Pare che sia meglio se resta fino a domattina».

Ho alzato le mani dai fianchi; non riuscivo neanche a provare sollievo, ero troppo concentrato sui suoi lineamenti.

Lei è rientrata nella stanza di Alberta, l'ho seguita prima che la porta si richiudesse. Alberta era ancora seduta nel suo letto vicino alla finestra con un'aria estremamente contrariata, ha detto «Io sono stufa marcia».

«Guarda che forse hanno ragione» ha detto Maria Chiara. Non si è girata verso di me, non mi ha chiesto cosa ne pensavo; mi sembrava anzi che volesse escludermi di proposito dal suo campo visivo. Ha detto «Sei ancora pallida da fare paura».

Mi sono avvicinato, cercavo di vederla almeno di profilo.

Alberta ha detto «Cosa me ne frega se sono pallida. Mica devo andare a una festa».

«Sei *verde*, quasi» ha detto Maria Chiara. Mi chiedevo se lo diceva almeno in parte perché aveva voglia di tornare fuori insieme a me, o non ci pensava neanche più ed era solo preoccupata per sua sorella.

Alberta ha sbuffato, ma si stava lasciando convincere.

Maria Chiara le ha carezzato la testa, ha detto «Un giorno ancora. Passa subito».

«Meno di ventiquattr'ore» ho detto.

Alberta alla fine ha fatto di sì con la testa, anche se non era per niente contenta. Maria Chiara le ha dato un bacio sulla fronte, si è mossa libera al centro della stanza. Sono andato anch'io da Alberta a toccarle una spalla, dirle «Mi raccomando»; prima che potesse cambiare idea ero già girato e in movimento, verso Maria Chiara e verso la porta.

Fuori dall'ospedale siamo stati fermi sotto la pensilina affollata di persone in cerca di riparo, con la pioggia che veniva giù sempre più furiosa e il vento che la spostava a folate oblique e il traffico quasi bloccato con i suoi fumi e rumori sul lungofiume allagato. Ci siamo guardati intorno, in cerca di gesti o parole quasi come la sera prima; ho avuto paura che la situazione potesse riprodursi da sola e sopraffarci di nuovo e trascinarci in direzioni opposte prima che ce ne rendessimo conto. Non gliel'ho lasciato fare: ho preso Maria Chiara per un braccio in un modo così improvviso che me ne sono spaventato quanto lei, le altre persone pressate intorno si sono girate tra impermeabili e ombrelli e cappelli. Ho detto «Andiamo?». Lei mi ha guardato negli occhi e ha preso un respiro, mi ha trascinato allo scoperto sotto la pioggia.

Abbiamo corso attraverso i torrenti che si erano formati tra i marciapiedi e la strada e i cofani e le fiancate e i tubi di scarico delle automobili, l'acqua ci arrivava addosso come una doccia continua. Gridavamo, anche: battevamo i piedi e socchiudevamo gli occhi e forzavamo le gambe contro il peso crescente dei nostri vestiti e delle nostre scarpe, facevamo «Aaaaaaaah!» come due bambini completamente fuori controllo.

Quando siamo arrivati sotto casa di Maria Chiara eravamo zuppi e senza fiato, ridevamo e ci guardavamo intorno nella via allagata, guardavamo in alto tutta l'acqua che continuava a caderci addosso. Volevo che non finisse, più ancora di tornare di sopra al riparo; volevo restare con lei nella pioggia e nell'eccitazione e nella non-ragionevolezza. Ho detto «Cosa devi fare, adesso?».

«Tu cosa devi fare?» ha detto lei. Gridavamo, per contrastare il rumore dell'uragano e il freddo e il peso dei vestiti saturi d'acqua.

«Te l'ho chiesto prima io!» ho gridato. C'era una cascata che veniva giù dal cornicione, il rumore che faceva sul vecchio selciato e tra i muri vicini sovrastava qualunque tentativo di intonazione.

«Devo andare in un posto!» ha gridato lei. Tenevamo tutti e due le mani lungo i fianchi per il peso delle maniche zuppe, ci guardavamo e gridavamo attraverso la pioggia furiosa.

«Vengo con te!» ho gridato.

Lei ci ha pensato, e non era una radura di tempo vuoto ma uno spazio attraversato verticalmente dall'acqua in ogni millimetro disponibile; ha fatto di sì con la testa.

Siamo andati verso la macchina furgonata rossa parcheggiata lungo il muro; lei ha aperto e mi ha fatto entrare, è salita dopo di me. Siamo scivolati sui sedili di vecchia similpelle nera nell'attrito e nello slittamento dei vestiti bagnati, con la pioggia che tamburreggiava sul tetto e faceva risuonare l'abitacolo come una scatola di latta. I vetri si sono appannati quasi subito per tutta l'acqua che avevamo assorbito e per i nostri respiri ravvicinati più caldi dell'aria; e c'era altra acqua che colava dentro dalle guarnizioni delle portiere e dei finestrini, acqua che affiorava dal pianale. Ho detto a Maria Chiara «Forse non hai bisogno di nuotare, oggi?».

«No» ha detto lei, rideva.

Ho detto «Dove andiamo?»; le guardavo la faccia e i capelli bagnati che sembravano più scuri, muovevo i piedi nelle mie scarpe da campagna allagate come barche.

«Devo portare delle cose in un posto» ha detto lei. Si è girata a guardare nello spazio tra i sedili e il pianale: una cassetta incernierata di legno chiaro che doveva avere lasciato lì dal giorno prima.

Ho pensato di chiederle quali cose e che posto; ma mi sembrava che tutti i miei ricettori fossero impegnati, senza nessuna nicchia libera per informazioni fuori dal nostro contatto più diretto. Ho detto «Andiamo».

Maria Chiara ha girato la chiave nel cruscotto: il motorino di avviamento ha grattato a vuoto.

Non sembrava molto probabile che la macchina ce la facesse con tutta l'acqua che le cadeva addosso, ma avevo paura dei pensieri fermi, volevo tenermi in movimento, andare. Ho passato una manica fradicia sul parabrezza appannato, ho detto «Riprova, riprova».

Maria Chiara mi ha dato un'occhiata incerta e ha riprovato: il motorino di avviamento ha grattato a vuoto e a vuoto, e alla fine è riuscito a far partire il motore con una serie di piccoli scoppi e scosse. Maria Chiara ha schiacciato a fondo l'acceleratore; ci siamo guardati nel rombo metallico che cercava di competere con tutto il frastuono del temporale.

Ho detto «Non restiamo qui per sempre. Dài».

Lei ha girato il volante e ha fatto manovra, ha risalito la via stretta e ne ha presa un'altra trasformata in un grosso torrente, ha seguito un percorso ad angoli per evitare il traffico quasi bloccato del lungofiume. Aveva un modo impaziente di guidare, ancora più impulsivo di sua sorella: tirava la leva del cambio come se fosse esasperata ogni volta dalla sua durezza, accelerava a fondo e frenava solo all'ultimo istante possibile, avvicinava la faccia al parabrezza per vedere la strada attraverso il movimento inefficace dei tergicristalli. Quando siamo arrivati a un viale ingombro di macchine ha cominciato a zigzagare nei varchi liberi, cambiare corsia senza preavviso, salire con due ruote sul marciapiede. A un certo punto si è accorta che premevo il piede destro sul pavimento e mi aggrappavo alla maniglia, ha detto «Non ti fidi?».

«Sì che mi fido» ho detto.

«Però preferiresti guidare tu, no?» ha detto lei.

«Non è vero» ho detto, senza capire se cercava solo di stuzzicarmi. Muovevo le dita dei piedi nello sciacquettio delle scarpe, mi faceva piacere avere un indicatore di quanto eravamo bagnati tutti e due.

«Bugiardo» ha detto lei, rideva. Mi piaceva il suo modo di girare il volante e scegliere un percorso nel traffico: pensavo che avrebbe potuto trasferire il suo spirito a qualunque attività, e ne sarei stato affascinato allo stesso modo.

Poi eravamo fuori dalla città verso sud-ovest, nella pioggia che continuava a venirci addosso inesauribile. La levetta del riscaldamento era sul rosso pieno e la ventola girava al massimo: guardavamo avanti nel vento caldo artificiale che sapeva di olio per motori bruciato, ci sentivamo asciugare addosso i vestiti malgrado i fiumi e le cascate d'acqua che continuavamo ad attraversare.

Maria Chiara ha detto «E i tuoi cavalli?».

«I miei cavalli cosa?» ho detto, con l'impulso di girare la testa per vedere i pensieri della mia vita conosciuta che ci inseguivano.

«Come fanno con questo tempo?» ha detto lei. «Se tu non ci sei?»

«Si arrangiano» ho detto. Facevo sbarramento per non lasciar passare nessuna immagine del centro di equitazione o di Anna; volevo solo immagini con un arco di vita di meno di ventiquattr'ore.

«Ma non ci lavori da solo, no?» ha detto lei. Si è messa a superare un camion, in un doppio spruzzo alto che per qualche secondo ci ha impedito di vedere qualsiasi cosa.

Ho puntato i piedi e stretto la maniglia più forte, premuto le spalle contro lo schienale; ho detto «No». Mi erano già arrivate due o tre immagini di Anna disperata nel fango, malgrado tutti gli sforzi per tenerle fuori. Ho detto «E tu?». Ho detto «Lavori da sola?».

Siamo entrati con due ruote in una buca trasformata in un lago, la macchina ha acquaplanato di lato ma lei è riuscita a controllarla, l'ha riportata dritta senza quasi rallentare. Si è allungata in avanti per vedere meglio; ha detto «Dipende».

«E cosa fai?» ho detto. Me ne sono pentito subito; avrei voluto azzerare le mie parole e la curiosità incauta che le aveva spinte avanti. La mia percezione del momento era così viva e apprensiva e anche incredula, avevo una paura costante di scavalcare i suoi confini e caderne fuori.

Lei ha sorriso, ha detto «Allora».

«Non dirmelo» ho detto, con una corrente fredda che mi passava dentro.

Lei si è girata a guardarmi, aveva un'aria perplessa.

«Non importa» ho detto. «Non voglio sapere niente.» Ed era strano, perché invece c'erano un miliardo di cose che avrei voluto chiederle e farmi raccontare: scottavo dal bisogno di comunicazione e di conoscenza. Ma non volevo trovarmi di colpo chiuso fuori dalla sua vita o trascinato così dentro da perdermici del tutto; mi sembrava che l'unica fosse tenermi a quello che potevo sentire e toccare, senza allontanarmi in nessuna direzione. Percepivo la sua aura vicina e odoravo il suo leggero profumo naturale e guardavo la pioggia che cancellava la strada e mi lasciavo asciugare i vestiti addosso, ascoltavo il rumore della ventola del riscaldamento e del motore e delle ruote nell'acqua e degli spruzzi sulle fiancate; mi sembrava fin troppo.

Maria Chiara ha detto «E prima di lavorare con i cavalli cosa facevi?».

«Prima?» ho detto, perché era da giorni ormai che i concetti del prima e del dopo mi si sfalsavano nella testa: riuscivo a pensare solo a prima e dopo la caduta, prima e dopo avere incontrato lei.

«Non importa» ha detto Maria Chiara. Ha detto «Non voglio sapere niente», con appena una traccia di sorriso sulle labbra.

Ma non volevo neanche scivolare in un gioco crudele di non-dire e non-sapere, dove ci mettevamo tutti e due a stendere ombre intorno al prima e al dopo e facevamo finta di essere meravigliosamente sospesi nell'adesso finché durava. Mi sembrava che non ci fosse un solo modo giusto di fronteggiare la situazione, o almeno di non conoscerlo. Ho detto «Distribuivo film stranieri». Tendevo a visualizzare ogni parola nel modo più letterale, e le immagini che evocava questa frase erano ridicole. Ho detto «Avevo una società di distribuzione»; e non era meglio. Ho detto «Io e un altro tipo cercavamo film di qua-

lità e non commerciali in giro per il mondo, li porta-
vamo in Italia».

Lei ha detto «Ah, interessante». Mi ha dato due o
tre brevi occhiate: non capivo se di interesse o di dubbio, di distanza che cominciava a crescere.

Ho detto «All'inizio molto». Avevo dei problemi
con l'intero sistema di pesi e valori della mia vita conosciuta, se dovevo parlargliene: non riuscivo a ricordare niente che mi avesse mai occupato con abbastanza
intensità abbastanza a lungo e ancora mi convincesse.

«Com'era?» ha detto lei. Mi sembrava che il timbro
della sua voce contenesse già la risposta a qualsiasi domanda; che non ci fosse niente di più significativo del
suo modo senza paura di tenere il volante con il piede
premuto sull'acceleratore.

Ho detto «Quando abbiamo cominciato era una
cosa molto artigianale. Avevamo uno sgabuzzino con
un telefono. Ci facevamo giorni e giorni di treno per
andare ai piccoli festival di cinema sperduti, leggeva-
mo tutte le rivistine ciclostilate dei pazzi cinefili di
mezzo mondo per avere delle dritte» Non mi sembrava di parlarle davvero di me: avevo qualcun altro
negli occhi, con una conoscenza stranamente detta-
gliata di quello che aveva fatto.

«E trovavate dei bei film?» ha detto lei.

«Ogni tanto» ho detto. Facevo fatica a pensarci, la
mia attenzione continuava a staccare e a tornare a lei;
solo il suo sguardo riusciva a farmi andare indietro
di nuovo. Ho detto «In mezzo a tutte le imitazioni e
le simulazioni e gli assemblaggi e le furberie e i ricatti e i piccoli esercizi di stile. Ogni tanto c'era una cosa
originale, con una voce sua».

«Be', è sempre così, no?» ha detto lei. «Anche con
le persone.»

«Sì» ho detto. «Come vedere di colpo una faccia che
ti riguarda tra mille facce che non ti dicono niente.»

Lei si è girata di nuovo; la sua attenzione mi entrava dritta nel sangue. Pensavo che era una delle cose che avevo più cercato senza mai trovarla davvero, se non per tempi limitati e su argomenti limitati: l'applicazione continua di curiosità e intelligenza e partecipazione e spirito critico. Ha detto «E chi hai trovato?».

«Non so» ho detto. «Shortmann per esempio. Siliè. Omar Amon.» Erano solo nomi, a pronunciarli con lei di fianco mentre correvamo attraverso l'acqua senza vedere niente; non mi sembrava che producessero altro che il loro suono.

«Hai scoperto tu Omar Amon?» ha detto lei.

«Era *lì*» ho detto. «Aveva già fatto il suo primo film. Io l'ho solo visto e ho pensato di portarlo in Italia, dato che nessuno dei distributori normali era interessato.»

Lei ha scosso la testa, sembrava colpita.

Ma ero sconcertato all'idea che un nome potesse aprire tra noi nuove linee di comunicazione, estendere pensieri e sensazioni in modi ancora più difficili da controllare. Ho detto «C'era il mio socio, anche. Si occupava di tutta la parte finanziaria. Senza di lui non avrei fatto niente».

«E cosa facevi, esattamente?» ha detto lei. «Cosa vuol dire distribuire un film?» La tensione nella sua voce era come ossigeno puro per uno che respira al minimo della capacità polmonare da troppo tempo, eppure avrei voluto parlare d'altro.

Ho detto «Andavamo a convincere i gestori dei cinema, uno per uno. Giravamo l'Italia con le pizze di pellicola sottobraccio e tutti i ritagli di giornale che eravamo riusciti a trovare». Non capivo come avevo potuto darmi così da fare per una cosa tanto lontana da lei: avere parlato e viaggiato e chiesto e convinto e aspettato con altre facce e altri percorsi e altre case e vie e quartieri e città in mente, altri nomi nelle orecchie.

«E poi?» ha detto lei.

«Poi un film o due sono andati bene» ho detto.

«Omar Amon è andato molto bene.» Cercavo di dare un ordine cronologico agli eventi, ma mi sembrava un esercizio astratto come quando studiavo storia a scuola. Ho detto «Abbiamo messo insieme una piccola rete di sale. Poi l'abbiamo ingrandita». Non riuscivo a selezionare le immagini, in ogni caso: mi tornavano in mente il mio ex socio e la mia ex moglie e mio figlio da molto piccolo, sguardi, telefonate, babysitter filippine, pianti, spiegazioni, macchine parcheggiate, scoppi di entusiasmo, frustrazione, giocattoli, giornali, porte.

«E siete diventati ricchi?» ha detto lei. Ha fatto una delle sue espressioni buffe; ha detto «Grandi macchine americane e bionde finte e suite d'albergo e tutto?».

«No» ho detto, senza il minimo senso dell'umorismo, come se dovessi correggere le sue visualizzazioni prima che si fissassero in modo permanente. Ho detto «Ma lo stesso era molto più di quello che ci eravamo aspettati». Ho detto «Di quello che *volevamo*, anche».

«E?» ha detto lei.

«Abbiamo aperto un ufficio vero e abbiamo preso una segretaria e dei collaboratori» ho detto.

«E poi?» ha detto lei, la sua attenzione non se ne andava.

«Poi è diventato solo un lavoro» ho detto. «C'è stato un passaggio inavvertibile, dove il divertimento e l'invenzione e la passione si sono dissolti, e da lì in poi dovevamo solo continuare a fare quello che facevamo.»

Lei ha accennato di sì con la testa; non avevo il minimo dubbio che capisse cosa intendevo. Ha detto «E tu?».

«Ho continuato a fare quello che facevo» ho detto. Guardavo fuori nella luce grigio-bianca attraverso la pioggia battente ormai avevo caldo; mi sono sfilato il giaccone, l'ho buttato dietro. Ho detto «Come uno chiuso in una scatola. Non mi ricordavo neanche perché avevo cominciato, cosa c'era in origine».

«E ti è venuta voglia di uscire dalla scatola?» ha detto lei.

«Sì» ho detto. «Ma c'era anche il mio socio e tutta l'altra gente, nella scatola. E mia moglie e mio figlio, e neanche con loro mi ricordavo perché avevo cominciato.» Ho detto «Mi sembrava un genere irrealizzabile di voglia». Ho detto «Come avere voglia di fare un viaggio che non finisce mai».

«Come avere voglia di un giorno che dura ventotto o trentadue ore» ha detto lei.

«Sì» ho detto.

Lei ha detto «Come avere voglia di nuotare un'estate intera con la stessa identica gioia del primo tuffo».

«Sì» ho detto.

Lei ha detto «Con la stessa incredulità che avevi nell'ultimo chilometro sulla strada per il mare, quando non sembrava più tanto sicuro arrivarci davvero».

«Sì» ho detto. «Sì.» Anche la mia incredulità di essere in macchina con lei era senza fine: a pochi centimetri di distanza e fuori dal mondo, con milioni di litri d'acqua che ci scrosciavano addosso senza neanche più bagnarci.

«Di mangiare una cosa che ti piace e non perdere la fame» ha detto lei.

«Di ascoltare una musica nuova e non perdere la sorpresa delle prime note» ho detto.

«Di non perdere la sorpresa di *niente*» ha detto lei.

Ci siamo guardati, nel modo frammentato che avevamo; ho detto «Di essere dentro un momento e non uscirne *mai*».

Lei ha rallentato perché c'era un forte vento laterale che ci faceva sbandare e la strada era sempre meno facile da distinguere; ha detto «E ti sembra una voglia irrealizzabile?».

Ho detto «No». Ho detto «Ma richiede una serie di coincidenze altamente improbabili».

«Vale a dire?» ha detto lei, mi sondava a sguardi.

Ho detto «Tutto quello che succede alla gente avviene in base a combinazioni di circostanze. Le chiamiamo coincidenze, no?».

«Ahà» ha detto lei, faceva di sì con la testa.

Ho detto «Però sono quasi sempre cose che prima o poi succederebbero comunque. Non so, due vivono nello stesso paese o nello stesso quartiere o nello stesso palazzo o vanno alla stessa scuola o lavorano nello stesso ufficio, e a un certo punto si rivolgono la parola e si piacciono e si mettono insieme».

«Sì» ha detto lei. «Però ci vogliono già molte coincidenze perché succeda.»

«Ma sono coincidenze probabili» ho detto.

«E quali sarebbero le coincidenze improbabili?» ha detto lei. Ha passato una mano sul parabrezza, non si vedeva quasi niente.

Ho detto «Quando due sono nello stesso posto per caso e una sola volta e per un tempo brevissimo. Si incrociano soltanto, per motivi che non hanno niente a che fare con un'abitudine o con dati di fatto stabili o ricorrenti. E se non succede qualcosa tra loro in quel momento, non succederà mai più».

«E secondo te questo fa una differenza?» ha detto lei.

«Sì che la fa» ho detto. «È come se il destino ti desse una sola possibilità, e concentrasse tutto dentro quel momento preciso, e lo facesse diventare così breve che la maggior parte delle persone non se ne rende conto, o non è abbastanza pronta da reagire in tempo.»

«E tu?» ha detto lei. «Te ne rendi conto, di solito?»
«Non c'è un di solito» ho detto. «Succede una sola
volta, se succede.»

Siamo rimasti zitti. Pensavo che se queste cose ca-
pitano davvero una sola volta, la mia teoria non
aveva nessun fondamento nell'esperienza, per definizione. Maria Chiara guidava più lenta; la pioggia
cadeva fitta come in un tunnel lavamacchine e la
ventola del riscaldamento soffiava a tutta forza ed
eravamo nel caldo artificiale e nell'eco delle nostre
parole e nell'elettricità del nostro essere vicini, non
c'era una sola cosa al mondo di cui sentissi la mancanza. Pensavo anche che non ero stato tanto pronto
a reagire, la sera prima davanti all'ospedale; che
adesso parlavo in tono da catturatore di coincidenze
altamente improbabili perché ero lì insieme a lei, ma
che con altrettanta facilità avrei potuto essere solo e
infelice e pieno di rimpianti a grande distanza.

Maria Chiara ha detto «Comunque alla fine ci sei
riuscito, no? A venire fuori dalla scatola e andartene
in campagna con i cavalli?».

«Sì» ho detto. «Ma non c'eri tu.»

Lei mi ha guardato, e mi sono reso conto in ritardo
di quello che avevo detto: mi sono sentito esposto e
in pericolo, stupido per non aver voluto sapere niente di lei ed essermi poi messo a parlare invece così
tanto di me; avrei voluto capire cosa le passava per la
testa.

Lei ha frenato di colpo, si è allungata per distinguere qualcosa dal mio finestrino; ha detto «Ci siamo». Ha detto «Credo, almeno»; ha girato a destra.
Abbiamo percorso una stradina sterrata che sembrava un piccolo fiume, e un istante dopo eravamo fermi
davanti a un capannone, fuori dal grigio-bianco di
acqua e movimento che ci aveva avvolti fino allora.
Ho impiegato secondi interi ad abituarmi alla ri-

duzione improvvisa di vibrazioni; ho raccolto le gambe, mi sono raddrizzato sul sedile con un brivido di debolezza interiore.

Maria Chiara mi ha guardato, sembrava sospesa sull'orlo di una parola. Invece si è girata a prendere la cassetta di legno dietro al sedile, ha dovuto tirare con forza per sollevarla. Ha detto «Andiamo?», ma ancora non accennava a uscire. La pioggia batteva sulla macchina e sul cemento allagato intorno; guardavamo fuori tutti e due con la stessa forma di riluttanza.

Poi lei ha aperto la portiera di scatto ed è saltata fuori, e io sono saltato fuori subito dopo: abbiamo fatto a balzi i pochi metri di pozze e rivoli che ci separavano dal capannone, ci siamo attaccati alla maniglia di un portellone e l'abbiamo fatto scorrere.

Dentro faceva caldo come in un'enorme panetteria, lo spazio era occupato da lunghi scaffali sovrapposti e tavoli da lavoro di legno spesso; la pioggia scrosciava sul tetto di plastica ondulata resa opaca dalla luce, il rumore si mescolava con il soffio continuo di vari forni in fondo. C'erano tre o quattro operai in grembiule da lavoro che andavano e venivano con assi di legno cariche di mattonelle e piatti e vasi cotti o da cuocere; il più anziano di loro quando ha visto Maria Chiara le ha fatto un gran gesto di saluto.

Siamo stati fermi nel caldo, e un minuto dopo da dietro gli scaffali è venuta fuori una tipa di forse sessant'anni con una salopette jeans e un grembiule pesante come quello degli operai, ha detto «Mari». Lei e Maria Chiara si sono abbracciate e guardate; poi Maria Chiara ha fatto un gesto verso di me, ha detto «Luca, Elisa». La tipa che si chiamava Elisa si è pulita sul grembiule e mi ha stretto la mano, mi ha fissato con uno sguardo così intenso e chiaro da provocarmi una strana sensazione di arretramento.

Maria Chiara ha posato la sua cassetta di legno su

uno dei tavoli da lavoro e l'ha aperta, ha tirato fuori due barattoli di smalto blu cobalto, ha detto «Quello vero di Oconal».

La signora Elisa ne ha preso uno in mano e l'ha guardato controluce; sembrava contenta ma in modo leggermente astratto, ha detto «Che bello».

Maria Chiara la osservava da vicino; ha detto «Era questo che cercavi, no?», non ne sembrava sicura.

«Sì, sì» ha detto la signora Elisa, ha posato il barattolo. Ha detto «Grazie», guardava già altrove.

Maria Chiara le ha fatto un giro intorno per trattenere la sua attenzione, con un misto di slancio e cautela che mi faceva sentire escluso e mi suscitava una forma incomprensibile di tenerezza. Ha detto «Come vanno le cose?».

«Eh, bene» ha detto la signora Elisa con un sospiro. Era una bella donna alta, con la schiena leggermente curva ma per il resto ben equilibrata di movimenti. Aveva una qualità spirituale e anche infantile, lunghi capelli grigi raccolti a crocchia, mezzi occhiali appesi con un cordino rosso, una camicetta bianca ricamata sotto la salopette. La sua estrema semplicità di modi era attraversata da una linea esotica, da profuga o da missionaria in terre lontane più che da artista-artigiana che lavora in un forno di ceramiche. Ha detto «Vi faccio vedere i delfini», ci ha guidati con un cenno.

Maria Chiara le è andata dietro e io sono andato dietro a lei; cercavo un contatto d'occhi ma era troppo presa per occuparsi di me. La signora Elisa si è fermata davanti a un banco da lavoro su cui erano allineate mattonelle con disegni di delfini in stile minoico. Maria Chiara ha detto «Che belli» in un tono sovraespressivo, come se effettivamente parlasse a una straniera. Nell'entusiasmo si è girata verso di me, ha detto «Ti piacciono?».

Ho detto «Molto». Mi chiedevo che rapporto ci fosse tra loro: se si erano incontrate per caso o per lavoro, se Maria Chiara si era assunta una missione di sponsor o di discepola, di cercatrice di riferimenti. La signora Elisa ci ha fatto vedere altre mattonelle e ciotole e piatti e vasi che rappresentavano varie figure della mitologia greca dell'acqua, afroditi e tritoni e sirene e ninfe crene e naiadi, dipinte in un modo meticoloso e ingenuo che corrispondeva allo spirito con cui ce le indicava una a una. Ci ha fatto vedere una donna dai capelli ondulati con ali ai sandali e sulla schiena, ha detto «Iride». Guardava me e Maria Chiara; ha detto «Figlia di Taumante figlio del Ponto, e di Elettra figlia dell'Oceano». Era entusiasta dei suoi soggetti, e stupita, come se non li avesse dipinti lei ma se li fosse trovati davanti materializzati in maniera miracolosa.

Maria Chiara l'ascoltava con la stessa attenzione molto concentrata che aveva avuto per me in macchina quando le parlavo del mio vecchio lavoro: gli occhi le brillavano. Sembrava felice di essere lì, dopo tutta la corsa attraverso la pioggia per arrivarci; la sua irrequietezza se n'era andata. Il tipo anziano che l'aveva salutata è venuto ad abbracciarla con grosse mani da artigiano e a guardarla e sorriderle protettivo; lei gli ha fatto domande e battute in tono da compagnona, finché lui ha dovuto tornare al forno.

L'aria era così secca e calda che le nostre scarpe si erano già asciugate; e mi sembrava di sentire un effetto simile nelle nostre voci e nei nostri gesti e perfino nei nostri pensieri, come se ci muovessimo in una porzione di estate torrida che ci disidratava e sovraesponeva.

Siamo tornati al grande tavolo dove Maria Chiara aveva lasciato la sua cassetta di legno. Lei ha detto alla signora Elisa «Ti avevo portato quei disegni». Ha detto «Magari facciamo un'altra volta».

«No, no» ha detto la signora Elisa, si è infilata i

mezzi occhiali. Ha detto «Vediamoli»: ma come se fosse equidistante tra l'idea di vederli e di non vederli, e nessuna delle due possibilità la toccasse in modo particolare.

Maria Chiara ha tirato fuori dalla cassetta alcuni fogli, li ha messi sul tavolo con un gesto timido. La signora Elisa ha cominciato a farli scivolare uno sull'altro: uccelli e alberi e fiori dipinti a tempera o a china con un tratto essenziale; signore vestite e incappellate in piedi di profilo e adagiate su poltrone, signori con sigarette e giacche e pettinature e pose; coppie, piccoli gruppi, bambini, cani. Sembrava il mondo visto da un abitante di un altro pianeta, con la più strana miscela di non-familiarità e capacità di cogliere i particolari significativi che dava a ogni rappresentazione una qualità di osservazione lancinante.

Li guardavo da sopra la spalla della signora Elisa, ho detto «Chi li ha fatti, questi?».

Maria Chiara ha detto «Io», ma a mezza voce e senza guardarmi; era tutta concentrata sulle espressioni della signora Elisa che se li faceva scivolare tra le mani.

La signora Elisa non sembrava colpita dalla bravura di Maria Chiara: guardava i suoi disegni come se fossero anche loro il prodotto di circostanze esterne sorprendenti, che non dipendevano dalla volontà o dalla capacità di nessuno. Ogni tanto diceva «Guarda questo», o «Ecco», o «Sì». Posava l'indice su un dettaglio o allontanava il foglio per vedere meglio, ma in generale era persa su un altro piano di considerazioni, difficile da raggiungere.

Maria Chiara le ha fatto rivedere un paio di fogli che erano scivolati tra gli altri troppo in fretta, ha dato spiegazioni sul ritratto di una grossa donna sdraiata, ha messo in ordine tre disegni che facevano parte di una stessa serie. Sembrava in attesa di un giudizio o di un incoraggiamento o almeno di qualche osservazione tecnica; cambiava posizione, il suo sguardo continuava a sondare.

E avrei voluto dirle l'effetto che facevano a me, ma lei era interessata a cosa ne pensava la signora Elisa, nel caldo soffiato del grande capannone di ceramiche.

La signora Elisa ha finito di guardare e ha posato i fogli sul tavolo da lavoro, ha detto «Grazie Mari». Si è tolta dal naso i mezzi occhiali, li ha lasciati pendere dal loro cordino rosso. Sorrideva, ma sembrava ancora più distante; ha detto «Io adesso devo rimettermi al lavoro, se voglio finire qualcosa per stasera».

Mi sono chiesto se era l'abitudine o il carattere che le impediva di restare colpita dal talento di Maria Chiara, o invece c'era una linea sottile di gelosia nella genericità delle sue reazioni.

Maria Chiara ha detto «Certo», con la strana sollecitudine che aveva per lei. Guardava i suoi disegni sul tavolo, ha detto «Li lascio qui?», ma era chiaro che avrebbe voluto fare domande molto più estese.

«Sì, sì» ha detto la signora Elisa. Ha detto «Non ti preoccupare, Mari»: come se si riferisse alla vita in generale più che ai suoi disegni. Ha abbracciato Maria Chiara e mi ha stretto la mano e subito è andata a spiegare qualcosa a uno degli operai, sembrava che si fosse già dimenticata completamente di noi.

Io e Maria Chiara abbiamo attraversato l'estate calda e secca e senza respiro del capannone, abbiamo fatto scorrere il portellone e siamo saltati di nuovo fuori nel marzo inondato di pioggia, siamo corsi verso la macchina.

Quando siamo stati di nuovo sulla strada in un tunnel continuo d'acqua senza neanche avere parlato della direzione da prendere ho detto «Che tipa, eh?».

«Cosa intendi?» ha detto lei, mi guardava.

«Interessante» ho detto. Ma non riuscivo a non essere sincero, era come se i miei ultimi filtri mentali si fossero dissolti nell'atmosfera del capannone; ho detto «Una strana miscela di eccentrica fanatica e nobile profuga e barbona illuminata, non so». Ho detto «Così lontana, anche. Le porti i disegni più spiritosi e acuti e *giusti* che ho mai visto in vita mia, e quasi non ti dice niente».

«È mia madre» ha detto lei.

Ho detto «Non volevo dire barbona». Annaspavo; ho detto «Non in senso offensivo».

«Non ti preoccupare» ha detto Maria Chiara. Ha detto «Lo so, com'è».

Ho detto «Ma illuminata. Ha questa luce nello sguardo, no?». Il suo avermi portato da lei adesso mi sembrava un gesto incredibile di fiducia.

«Sì» ha detto lei, guardava avanti.

Cercavo di confrontare i suoi lineamenti con quelli di sua madre, mi dispiaceva di non averlo fatto quando eravamo dentro al capannone. Ho detto «Sapeva già di Alberta, no?».

Lei ha detto «No». C'era un'influenza evidente dello sguardo di sua madre nel suo sguardo, ma fuso con una componente più terrena: molto più qui, per fortuna.

«Come, no?» ho detto, non riuscivo a capire.

«No» ha detto lei. «L'hai vista.» Guidava veloce di nuovo; ha detto «È sempre stata così».

«Così come?» ho detto.

«Così» ha detto lei, aveva un tono di difesa. Ha detto «Non è una che puoi coinvolgere in situazioni pratiche e aspettarti un aiuto». Ha detto «Neanche quando eravamo bambine e avevamo un problema ci veniva in mente di parlargliene. Avrebbe solo reso tutto terribilmente drammatico, o detto che non aveva nessuna importanza».

Ho detto «E non era difficile per te e Alberta?».
Avevo una telecamera mentale che andava indietro lungo i corridoi del tempo a fabbricare immagini, senza abbastanza elementi perché fossero attendibili, ma riusciva lo stesso a riempirmi di inquietudine.

«Un po'» ha detto lei. Ha pulito una porzione di parabrezza con il dorso della mano, andava troppo forte rispetto alla visibilità e alle condizioni della strada. Ha detto «Ogni tanto vedevo le madri delle mie compagne di scuola, e mi sembravano così più normali. Avrei voluto farmi adottare, continuamente».

«Più normali in che senso?» ho detto, ed ero felice che non l'avesse adottata nessun'altra madre per farla diventare normale.

«In tutto» ha detto lei. «In tutte le piccole cose che con mia madre erano troppo strane o troppo difficili.» Ha girato il volante all'ultimo momento per evitare un camioncino quasi fermo nella pioggia; siamo saltati all'altra corsia e tornati alla nostra senza riuscire a capire i confini veri della strada. Ha detto «A volte era incredibilmente presente, ma non sapevi mai per quanto. Ci insegnava a dipingere e ci leggeva libri e ci portava a vedere i musei o a fare gite nella natura. Era stupenda, e poi di colpo non c'era più. Era *via*, con quel suo sguardo trasfigurato, e qualunque genere di impegno quotidiano le sembrava totalmente intollerabile. Come farci da mangiare, o fare la spesa, non so. A volte io o Alberta le dicevamo che non c'era più niente nel frigorifero, e lei scuoteva la testa con l'aria più desolata del mondo, diceva "Come siete *triviali*". E lo pensava davvero, ci soffriva».

Ho detto «Ci soffrivate anche voi, immagino».

«Sì» ha detto lei, si mordicchiava le labbra. Ha detto «Non eravamo mica sceme o insensibili». Siamo entrati in una buca profonda con uno schianto, abbiamo sollevato spruzzi come un motoscafo. Lei ha detto «E a pensarci adesso aveva anche ragione, nostro padre le aveva scaricato addosso un ruolo di schiava della famiglia e lei era un'artista e una donna intelligente, ma allora facevamo abbastanza fatica a capire».

«Me l'immagino» ho detto, perché era quello che continuavo a fare. Ho detto «E vostro padre che tipo era?».

«Nostro padre non c'era quasi mai» ha detto Maria Chiara. Ha rallentato per distinguere nella pioggia i cartelli di un incrocio, ha riaccelerato. Ha detto «Era quasi sempre via, a congressi o ricerche in qualche parte del mondo per le sue piante. Ma anche quando c'era aveva troppo da fare. È sempre stato il suo modo di tirarsi fuori da qualunque responsabilità verso di noi».

«Quali piante?» ho detto, in ritardo sullo scenario che continuava a formarsi dietro di lei frammento dopo frammento.

«Faceva il botanico» ha detto lei. «Lo fa ancora. È andato a vivere in montagna da solo, da qualche anno.»

«E non si occupava di voi?» ho detto. «O di vostra madre?»

«Si occupava soprattutto di sé» ha detto lei, ma senza astio, come se fosse una constatazione che la stupiva ancora. Ha detto «Però naturalmente si aspettava che noi e nostra madre ci occupassimo di lui, e lo considerassimo anche un grande privilegio».

Avevo delle immagini abbastanza precise di lei da piccola, attenta e sensibile e irrequieta com'era adesso.

Lei ha detto «A volte quando era via ci mandava lunghe lettere piene di particolari, ma parlavano solo di lui e delle piante. Quando tornava se le faceva ridare da mia madre, per conservarle in vista di una possibile pubblicazione».

Fuori la pioggia aveva rallentato il ritmo, ma il paesaggio basso era completamente allagato: campi e fossi e canali che visti dal finestrino sembravano risaie della Cina.

Ho detto «Non mi avevi detto niente».

«Di cosa?» ha detto lei. Guidava come se cercasse di intuire il percorso, più che di vederlo attraverso l'acqua.

Ho detto «Non mi avevi neanche detto che disegnavi».

Lei mi ha guardato a intermittenza, ha detto «Eri tu che non volevi sapere niente di me».

«Non intendevo *niente*» ho detto. Pensavo a che stupido tentativo di difesa era stato; ho detto «Intendevo niente di personale».

Lei ha detto «Perché, i miei disegni non sono abbastanza personali?».

«Ma certo» ho detto. «Non intendevo questo genere di personale.» Pensavo a come il poco che adesso sapevo di lei dava a ogni suo gesto e sguardo una patina di leggero dolore, fatica di cose ottenute per gradi lungo percorsi non lineari.

«Che genere di personale intendevi, invece?» ha detto lei.

«Personale personale» ho detto. Di nuovo mi sembrava di avere a disposizione strumenti troppo standardizzati per dirle quello che volevo; ho detto «Volevo dire privato».

«E perché?» ha detto lei, mi guardava.

Ho messo i piedi sul cruscotto, li ho rimessi giù; avrei voluto che la pioggia riprendesse con la furia da uragano di prima. Ho detto «Per paura, credo».

Lei si è messa a ridere, nel modo vivo che aveva; ha detto «Che tipo strano sei».

«E tu no?» ho detto. Parlarle con questo grado di confidenza scoperta mi faceva battere il cuore veloce;

171

ho guardato fuori, la pioggia che continuava a diradarsi sopra il paesaggio esausto. Ho detto «Sei poco strana, tu?».

«Ma non c'è da compiacersi tanto di essere strani» ha detto lei, con un piccolo scatto. Ha detto «È anche un modo di nascondersi. Di fare gli incomprensibili e gli inafferrabili». Ha detto «È un modo di scappare». «Io non scappo» ho detto. La guardavo di profilo: mi sembrava che se per caso lei non fosse stata più lì alla mia sinistra tutto il resto mi si sarebbe dissolto intorno, senza lasciare niente. Ho detto «Non scappo affatto».

E aveva quasi smesso di piovere, ed eravamo arrivati in fondo alla strada: non c'era altro, a parte una rotonda per tornare indietro e cartelloni e baracche e la spiaggia e il mare appena più in là, una sterrata tutta buche che seguiva la costa sulla destra.

Maria Chiara ha spento il motore. Siamo stati fermi e zitti a guardare avanti e registrare i nostri profili e respiri in modo periferico. Avevo delle domande in testa, ma così prive di bordi che non sapevo da che parte prenderle. Maria Chiara ha detto «Facciamo due passi?».

Ha aperto la portiera e siamo scivolati fuori, abbiamo posato i piedi sull'asfalto tutto pozze e rivoli. La pioggia era finita, ma l'aria era satura d'acqua nebulizzata, il cielo ingombro di nuvole scure in movimento su crepature di luce fredda. Abbiamo camminato con cautela intorno alle pozze più profonde, ci guardavamo senza farlo capire. Non c'era nessuno in giro; le baracche dei bar e dei piccoli ristoranti di mare erano chiuse con tavole di legno e inlucchettate.

Maria Chiara ha scavalcato un muretto basso; l'ho seguita lungo la recinzione di uno stabilimento balneare. C'erano file di cabine scolorite, terrazze di cemento allagate, balaustre di ferro rugginoso, vecchie cortine di canne fradice. Abbiamo camminato al di là delle ultime costruzioni, sulla sabbia scura e pesante. Avevo un senso estremo di partecipazione per il suo modo di guardarsi intorno, muovere le braccia, girare la testa. Ho provato a lasciarla andare ancora avanti per saggiare i limiti della nostra massima distanza accettabile, ed erano limiti bassi: otto o nove metri bastavano a suscitarmi un impulso disperato di correrle dietro.

Le sono corso dietro; quando l'ho raggiunta ansimavo troppo in rapporto allo scatto. Ho detto «Maria Chiara».

«Cosa?» ha detto lei, mi guardava e guardava verso il mare.

Ho guardato in alto: la luce e il buio in gioco attraverso il cielo, ed era uno spettacolo incredibile eppure non mi interessava rispetto al gioco di luce e buio nei suoi occhi.

Abbiamo continuato a camminare fino al mare color piombo sfinito da tutta la pioggia che gli aveva tempestato sopra per ore: riusciva solo a produrre piccole onde mute che lambivano la sabbia e si ritiravano subito come lingue spaventate. Inspiravamo l'aria salmastra, ci premevamo le mani in fondo alle tasche; ogni passo doveva vincere la pendenza cedevole della spiaggia.

Eravamo timidi, anche, perché non ci conoscevamo quasi e perché ci conoscevamo e perché continuavamo a oscillare tra queste due condizioni senza riuscire a farne prevalere una. A un certo punto ci siamo trovati sulla battigia spalla a spalla, e mi è sembrato che ci volesse molto poco a passarle un braccio intorno alla vita e tirarmela contro; ma ero troppo attraversato da sensazioni di grandezza variabile, e lei non diceva niente. Ho fatto un gesto verso il mare e il cielo, ho detto «Pensa perdersi tutto questo». Ho detto «Come sarebbe stato facile». Ho detto «Come sarebbe stato *normale*».

Lei ha fatto di sì con la testa, ha sorriso appena. Ma sembrava un genere triste di sorriso, ed ero scontento del mio tono di voce come se lo avessi ascoltato da un nastro di registratore; ho detto «Baaaaa baaaaa» solo per rompere la sua impressione sonora. Ho raccolto un pezzo di radice contorta dalla sabbia e l'ho tirato nel mare, mi è venuta una fitta multipla in due o tre punti della caduta.

Abbiamo camminato più in alto, tra i legni e i gusci di conchiglia e i barattoli di latta scorticata e le bombolette di insetticida e le gambine rosa di bambola e i frammenti bianchi di polistirolo espanso e i vecchi flaconi di plastica gialla. Ci fermavamo e giravamo su noi stessi, posavamo i piedi e alzavamo le ginocchia e guardavamo in basso come trampolieri in cerca di cibo; a ogni passo ero più stupito dalla resistenza del momento, e più apprensivo sulle sue possibilità di continuare a estendersi intorno a noi. Pensavo che non dovevo pensarci, se volevo che durasse, eppure non riuscivo neanche a fare come se fosse la cosa più sicura e durevole al mondo: andavo e venivo tra sensazioni e impressioni, densità di dati e paura del vuoto.

Poi le nuvole di colpo hanno richiuso tutti i varchi in un fronte che si è inscurito fino a diventare nero e hanno cominciato a produrre una vibrazione sorda e un soffio crescente di vento che è venuto verso di noi dall'entroterra trascinando sacchetti di plastica e fogli di giornale bagnati e grosse gocce dure e ha scagliettato il mare e l'ha increspato di schiuma bianca fino all'orizzonte con una furia che consumava le distanze alla velocità del suono.

Maria Chiara mi ha guardato, e senza dire niente ci siamo messi a correre verso l'interno, contro il vento e la pioggia e la pendenza della spiaggia e il peso della sabbia sotto i nostri piedi. Nel giro di pochi secondi la pioggia è diventata così rapida e fitta e angolata da rendere ridicolo qualunque tentativo di scampare o di ridurre le conseguenze, ma abbiamo continuato a correre lo stesso con tutta la forza che avevamo nelle gambe, come se fossimo in gara con il tempo e l'inevitabilità delle cose e la loro tendenza continua alla trasformazione. Le gocce dure ci battevano sugli occhi e sulla fronte e ci entravano nei capelli e nei vestiti e nelle scarpe, ci inzuppavano molto più di quando eravamo corsi fuori dall'ospedale. Era come se la pioggia avesse accettato la sfida, produceva un suono furioso mentre il vento la trascinava giù di taglio dalle nuvole nere in movimento sopra le nostre teste. Mi sembrava di avere tutte le sensazioni del mondo convogliate sulla pelle e nei polmoni e nel cuore e nelle orecchie, e subito dopo invece mi vedevo da molto lontano come una minuscola parte del paesaggio: un puntino in corsa dietro un altro puntino tra il piano scuro del cielo e quello più chiaro della spiaggia. L'idea di questa piccolezza mi faceva correre più veloce e più affannato, con un'ansia più acuta di raggiungere Maria Chiara e chiudere la distanza, non restare solo.

Siamo arrivati di slancio pazzo alla macchina, l'abbiamo vista emergere rossa dall'acqua solo negli ultimi metri. Maria Chiara ha aperto la portiera e ci siamo buttati dentro uno dietro l'altra e ci siamo spinti di lato sui sedili e ci siamo guardati con un'euforia improvvisa da scampati. E di nuovo sono stato per darle un bacio nella confusione di movimenti e respiri e nel rumore della pioggia e gli scuotimenti laterali del vento, ma lei è sgusciata dietro attraverso lo spazio tra i sedili, si è tolta le scarpe piene d'acqua e il cappotto fradicio, si è messa a frugare in due grandi sacchetti di plastica grigia da pattumiera.

«Cos'è?» ho detto, avevo una deformazione totale di prospettiva.

«Roba di Alberta» ha detto lei, con in mano un paio di pantaloni di velluto color cremisi. Ha detto «Da regalare o vendere a qualche negozio o mercatino, non so». Frugava tra le stoffe e i colori diversi, sotto il tetto rialzato ma non abbastanza da farla stare dritta in piedi. Ha cominciato a sfilarsi i jeans grigi bagnati, ha detto «Non guardare».

Ho detto «Va bene, va bene», mi sono girato dall'altra parte anche se troppo tardi per cancellare le sue gambe chiare che sgusciavano libere dalla stoffa. Mi sono sfilato il giaccone, le scarpe; ed eravamo troppo zuppi e confusi e ansimanti perché uno dei due riuscisse a mantenere a lungo una posizione coerente su qualsiasi cosa. Mi sono girato di nuovo verso di lei, e si era infilata i pantaloni di velluto cremisi ma le stavano larghi e lunghi di almeno due taglie e aveva già cominciato a toglierseli, mi è venuto da ridere.

Lei ha detto «Cavolo ridi?», ma rideva anche lei, mezza piegata in avanti, con i capelli bagnati a ciocche e il rosso dei pantaloni che le scopriva in parte il bianco delle gambe.

Sono sgusciato dietro anch'io, la mia invadenza neutralizzata dallo stato dei miei vestiti e dalla furia della pioggia e dai limiti dell'abitacolo che ondeggiava e cigolava sotto la pressione del vento, ho detto «Non c'è qualcosa anche per me?».

Lei ha detto «Non so» senza darmi retta davvero. Ha continuato a frugare nel sacco, così mi sono messo a frugare nell'altro: facevamo volare camicie e maglie e pantaloni dalle fogge e i colori più strani, ci urtavamo, ridevamo. C'era uno scialle a fiori rossi e blu, l'ho aperto e ho cercato di avvolgerglielo intorno e lei se l'è strappato via e me l'ha buttato addosso; l'ho allargato sopra le nostre teste mentre continuavamo a ridere e a spingerci, come una tenda che filtrava la luce minacciosa da fuori e la faceva diventare calda quanto la luce di un fuoco o di una foglia o di una carta geografica o di un'abitazione primitiva vista in trasparenza. E le ho dato un bacio su una guancia, ma era parte del nostro urtarci e venirci addosso testa a testa e tempia a tempia e spalla a spalla sotto la stoffa colorata dentro la macchina furgonata che ci proteggeva e ci risuonava intorno. Ci siamo urtati ancora, ci siamo toccati le braccia e le mani e i fianchi e le gambe: le sensazioni ci passavano attraverso senza nomi, eravamo tutti vicinanza e temperatura e sostanza e pelle e capelli e tessuti e luce rossastra bluastra e scie lunghe e corte di sguardi e di contatto e di assenza di contatto. Continuavamo a ridere e prendere fiato e respirarci contro e staccarci e perdere l'equilibrio e ritrovarlo: eravamo stupidi e semplici, nonelaborati, in sintonia perfetta con il momento.

Maria Chiara ha pescato dal mucchio di stoffe un paio di pantaloni gialli, mi ha detto «Mettiti questi». Mi sono tolto i miei zuppi come stracci viscidi e mi sono infilato quelli gialli asciutti e troppo stretti, in bilico su un piede e sull'altro e piegato in avanti per non battere la testa sul tetto, senza riuscire a smettere di darle mezze spinte e cercare di strapparle di mano i vestiti che cercava di mettersi mentre mi spingeva indietro e mi veniva addosso e mi guardava e si guardava i piedi e guardava in un sacco e nell'altro e tirava fuori ancora altri vecchi vestiti. I pantaloni gialli mi stavano ridicoli come una calzamaglia da paggio medioevale: ho detto «No, no» e Maria Chiara ha detto «Ti stanno benissimo» e ha riso più forte e si è infilata un paio di vecchi jeans a zampa d'elefante lisi e scoloriti in due tonalità di azzurro e le ho detto «Fatti vedere» e lei si è girata per farmi vedere e ho cercato di darle un altro bacio e lei mi ha passato una maglietta con disegnato un sole e una giacca di cotone color panna vecchia che mi tirava alle spalle e mi faceva male e mi faceva ridere e lei si è infilata un golf a strisce gialle e rosse come la copertina di una rivista degli anni Settanta come una bandiera di segnalazione come un neon intermittente in una città al crepuscolo e lo scialle-tenda ci è scivolato di sopra e la luce grigia ci ha abbagliati e siamo inciampati e finiti distesi sui mucchi di vecchi vestiti sul metallo del pianale quasi abbracciati ma non proprio nel groviglio di sensazioni elettriche molto diffuse e molto localizzate, ci abbiamo messo minuti interi a raddrizzarci.

Maria Chiara ha detto «Ho fame». Mi sono reso conto che avevo fame anch'io: un genere di fame che sembrava venire da anni interi passati senza mangiare e senza neanche immaginare di mangiare.

Ho detto «Ma qui è tutto chiuso», guardavo fuori dal finestrino e vedevo solo pioggia.

Lei ha detto «So io un posto», mi guardava nel suo modo ostinato e misterioso.

Siamo sgusciati sui sedili, legati dai vestiti non nostri che avevamo addosso. Maria Chiara ha girato la chiave di accensione, e di nuovo sembrava molto poco probabile che la vecchia macchina furgonata potesse partire sotto le tonnellate di pioggia che venivano giù, eppure è partita: Maria Chiara ha schiacciato l'acceleratore con i piedi nudi. Siamo andati per la strada sterrata ridotta a un fiume di fango, come se fosse l'acqua a trascinarci nella corrente e potessimo solo giocare a girare il volante senza essere davvero padroni della direzione né della velocità.

Ma abbiamo continuato a muoverci, con sguardi avanti e sguardi tra noi, esilarati e spaventati allo stesso modo, stupiti da ogni metro che riuscivamo a fare senza che il motore si fermasse o la corrente ci spazzasse via dalla strada e ci facesse rotolare per i fossi e i campi inondati.

Poi Maria Chiara ha fermato il motore, ed eravamo davanti a una piccola baracca di ristorante che sembrava chiusa da mesi e per mesi ancora. Ha suonato il clacson; dopo qualche secondo abbiamo visto una donna dietro i vetri, faceva cenni con la mano.

Siamo scesi, corsi così veloci intorno al muso della macchina che quando siamo stati dentro eravamo bagnati solo in superficie, con i piedi nudi pieni di fango.

Dentro c'era una signora con i capelli sale e pepe molto corti e dritti che le davano l'aspetto di un grosso porcospino, ha detto «Maria Chiara!». Ha detto «Che ci fai con tutta questa roba dal cielo?».

«Così» ha detto Maria Chiara; l'ha abbracciata.

Dal retro è venuta fuori una tipa più magra altrettanto sorpresa, l'ha abbracciata con lo stesso slancio familiare. Maria Chiara mi ha presentato; tutte e due mi hanno stretto la mano e guardato come per farsi un'idea di chi ero, i vestiti che avevo addosso certo non mi aiutavano molto.

Ho detto «Non sono miei», ma il mio gesto si è perso nel loro gioco di sguardi e di posizioni, la mia voce nel rumore di pioggia che tempestava il tetto di lamiera ondulata e la struttura fragile delle pareti di legno.

Anche Maria Chiara faceva uno strano effetto, adesso che la guardavo in una luce neutra e a una piccola distanza: sembravamo usciti tutti e due dalla copertina di un disco di Jimi Hendrix, eppure io ero ridicolo e lei non perdeva niente della sua eleganza naturale.

La signora porcospino ha detto «Allora, Marì?».

Maria Chiara ha detto «Stiamo morendo di fame».

E mi esaltava sentirla parlare al plurale, e vederla così terrena malgrado tutti gli sbalzi mentali che mi suscitava. Ho detto «*Morendo*»; la giacca mi schiaccia-va le costole e la spalla sinistra, i pantaloni gialli mi limitavano i movimenti delle gambe.

La signora porcospino mi ha guardato di nuovo; di nuovo mi è sembrato che non riuscisse bene a valutar-mi. Ha detto «Ma non abbiamo niente, anima mia». Ha detto «Al massimo vi posso rimediare una frittata».

«Va bene qualunque cosa» ha detto Maria Chiara, camminava tra i tavoli con le sedie rovesciate sopra. Ha detto «Qualunque cosa»; è scomparsa nel retro dove doveva esserci il bagno, mi ha lasciato solo e pieno di bisogno di contatto nei miei vestiti ridicoli.

La tipa più magra ha tolto le sedie da un tavolo vi-cino alla vetrata; la signora porcospino mi ha detto «Vino ne bevete?».

«Sì» ho detto; cercavo di forzare il cotone umido della giacca per sentirmi un po' meno costretto. Ma non mi dispiaceva di non avere nemmeno più i miei vestiti: accentuava la sensazione di essere fuori dalla mia vita conosciuta e in un territorio nuovo, senza mappe né bussole né bagagli né orologi né recapiti dove ricevere telefonate o posta. Ho pensato che i vincoli e gli impegni e le preoccupazioni della mia versione precedente non mi riguardavano; che ero li-bero, o quasi.

La signora porcospino ha portato una caraffa di vino rosso, ha detto «Non ti siedi?»; un istante dopo Maria Chiara è tornata. Ci siamo seduti, ed ero alli-bito dalla sua tridimensionalità: da come era davve-ro lì davanti a me, solida e reale, con ancora una traccia delle risa di prima sulle labbra e agli angoli degli occhi. Ho versato il vino, aveva un colore cupo e leggermente torbido di vino fatto in casa e non trattato; ho fatto tintinnare il mio bicchiere contro il suo prima ancora che lei lo alzasse, ho preso un sor-so lungo.

Lei ha tenuto il suo bicchiere qualche secondo nella mano e poi l'ha vuotato senza prendere fiato, con la testa rovesciata all'indietro nel suo modo estremista che cominciava a essermi familiare.

Mi è venuto in mente quanto Anna invece era controllata e affidabile e prevedibile nella sua natura perfettamente astemia: mi è scorso nella testa un piccolo catalogo di suoi gesti secchi, senza ombre. Ho cercato di tagliare subito fuori queste immagini, e quelle più angosciose che si portavano dietro, ma non era facile perché avevano molti dettagli. Ho mandato giù il vino che mi restava, ho riempito di nuovo il bicchiere di Maria Chiara e il mio.

Ci guardavamo a breve distanza e ci aggiustavamo di poco sulle sedie e spostavamo le mani e gli avambracci, guardavamo i tavoli vuoti e la signora porcospino che si aggirava in fondo alla sala e ci teneva d'occhio. Abbiamo bevuto altro vino, e man mano che mi entrava in circolo allargava le mie sensazioni.

Ho detto «Quegli alberi e quei fiori e quegli animali». Ho detto «Quelle donne e quegli uomini e quei cani e quei bambini».

«Cosa?» ha detto lei, perplessa.

Ho detto «I tuoi disegni».

«Eh» ha detto lei: parte in difesa preventiva e parte curiosa, non restava mai in un'espressione o in una posizione fissa a lungo.

Ho detto «Hanno dentro tutto». Mi sono versato altro vino e ne ho versato a lei, l'ho mandato giù; mi sembrava solo un rivelatore, non c'era niente che non fosse già lì per essere tirato fuori.

Maria Chiara ha sorriso, ha detto «Cosa vuol dire, tutto?».

«*Tutto*» ho detto. «Lo spirito essenziale delle cose.»
Non pensavo prima di parlare, c'era un flusso conti-

nuo dalle mie sensazioni ai suoni; e i suoni erano poveri rispetto a quello che contenevano.

Lei ha detto «Smettila», ma potevo vedere la luce di attesa appena sorvegliata nel suo sguardo.

«È vero» ho detto. «Hanno tutto quello che non si può dire con le parole.» Ho detto «Che si può solo *sentire*». Ho detto «Che forse si potrebbe comunicare con la musica, ma non in modo così preciso». Avevo tutto il corpo magnetizzato; mi sembrava che se ci fossimo toccati con le punte delle dita ci saremmo dati una scossa.

Lei ha detto «Be', accidenti»; non mi guardava.

Ho detto «E mi sono sembrati così familiari, quando li ho visti». Ho detto «Così *intimamente* familiari».

Lei ha detto «È l'unico modo di disegnare che conosco. Quando facevo il liceo artistico ho cercato di impararne altri, ma non ci sono mai riuscita. I professori diventavano pazzi».

«Meno male che non ci sei riuscita» ho detto, con un senso di perdita non recuperabile che mi si estendeva dentro.

Lei ha detto «Il professore di disegno dal vero diceva che sembravo tanto moderna e sofisticata e poi invece avevo uno stile primitivo. Diceva "Lei è di una primitività inalterabile"».

«Imbecille ottuso» ho detto. Ero pieno di nostalgia per lei a scuola di disegno dal vero, pieno di rabbia inutile.

Lei ha detto «Invece era abbastanza in gamba. Avrei esasperato chiunque, credo».

«Era un cretino» ho detto. Lo odiavo, solo perché l'aveva conosciuta prima di me. Ho detto «Il tuo non è affatto uno stile primitivo». Ho detto «È lo stile più evoluto che ci sia».

«E perché?» ha detto lei, con un sorriso ironico adesso sulle labbra.

«Perché è pieno di luce» ho detto. «Perché è al di là dei nomi da dare alle cose, al di là delle date e dei numeri e delle parole che non servono a niente.»

Lei mi guardava con la testa inclinata, il bicchiere di vino già quasi vuoto in mano; ha detto «Non sei esagerato? Li hai appena visti, i miei disegni».

«Mi basta» ho detto. Ho versato altro vino a tutti e due, ho detto «Come mi è bastato vedere te, per capire chi eri». Andavo avanti come una macchina senza freni; ogni parola mi sbilanciava di più verso di lei e aumentava l'eccitazione vibrante dell'impatto. Avrei solo voluto che la pioggia continuasse a inondare il paesaggio fino a staccare da terra la baracca di legno e latta in cui eravamo seduti e farla galleggiare via, portarci alla deriva lontani da tutto.

«E chi sono?» ha detto lei, con le pupille dilatate dall'attenzione, gli zigomi coloriti dalla vicinanza.

La signora porcospino è arrivata con una grande padella di ghisa nera, e dentro c'era una frittata al prezzemolo tutta gialla e verde vivo; ha detto «Mi dispiace tanto, ma più di così non ho potuto fare».

Ho detto «È magnifica», con una vera emozione nella voce per come era inaspettata e profumata e piena di colore. Ho detto «È il regalo più ricco del mondo».

Maria Chiara mi ha guardato, e per un istante ho avuto paura che mi vedesse come uno portato all'enfasi indiscriminata o fortemente alterato dal vino. Invece ha detto «Grazie, Magda»; ho visto che era commossa quanto me.

La signora porcospino che si chiamava Magda ha detto «Eh, per una frittata». Poi l'ha tagliata a fette con un'improvvisa destrezza professionale, ne ha fatte saltare due nei nostri piatti. La sua amica è arrivata con un cestino di pane, ha detto «Ecco qua». Ci studiavano tutte e due da vicino; e anche se avrei voluto essere solo con Maria Chiara mi faceva piacere avere almeno due testimoni mentre fuori la pioggia continuava a cancellare il paesaggio. Abbiamo preso il primo boccone: aveva una combinazione tanto delicata e complessa di sapori da farmi venire le lacrime agli occhi.

Ho detto «È fantastica, eh?», in un accento allungato fino a sembrare la voce di un selvaggio. Le due tipe erano arretrate tra i tavoli vuoti fino quasi al fondo della sala; hanno riso, come se mi riferissi a Maria Chiara invece che alla loro frittata.

Maria Chiara mangiava con una meravigliosa avidità naturale: tagliava pezzi con la forchetta, se li metteva in bocca e masticava, guardava nel piatto e guardava me, prendeva del pane dal cestino, beveva un sorso di vino. Eravamo presi dallo stesso identico genere di furia gioiosa di riappropriazione, come due naufraghi arrivati a riva dopo molto nuotare sottocosta; di nuovo le parole sembravano inutili rispetto a quello che sentivamo.

Otto

Quando siamo arrivati a Roma aveva smesso di piovere, ma le strade erano tutte allagate e i marciapiedi
pieni di rami strappati, la luce così offuscata che era
difficile capire che ora fosse. Abbiamo svoltato nella
piccola via dov'era la casa di Maria Chiara e Alberta,
abbiamo lasciato la macchina furgonata raso a un
muro e siamo scesi scalzi sul selciato a pozze nei vestiti assurdi che ci eravamo messi al mare, con le
scarpe e i vestiti bagnati in uno dei due sacchi di plastica. Ci siamo guardati davanti al portoncino di legno, e non saremmo riusciti a separarci neanche a volerlo; siamo andati su per le scale senza dire niente.

Il piccolo soggiorno mi era familiare quanto il cane
Speke che si è messo a saltarci intorno e guaire e vibrare la coda corta al punto di perdere l'equilibrio.
Ho camminato da una parete all'altra, e mi sembrava
di ritrovare nell'aria le sensazioni che avevo avuto lì
dentro, ed erano tutte scavalcate dai fatti. Maria
Chiara si è tolta i pantaloni bicolori, li ha scalciati via
e rideva, con le gambe nude e la maglia a strisce gialle e rosse che sembrava un vestito pop molto corto.

Mi sono tolto la giacca che mi aveva stretto le spalle e schiacciato le costole come una camicia di forza;
ho mosso le braccia a cerchi prudenti, e non sentivo
quasi nessun male. Ma era strano non avere più una

resistenza di stoffa e di dolori a limitarmi i movimenti, né una pioggia furiosa a creare uno schermo di protezione dal mondo. Il momento mi è sembrato di nuovo esposto all'assedio del tempo e delle ragioni meccaniche, di nuovo a rischio di rottura.

Ho detto «Allora?» solo per mettere suoni nell'aria; Maria Chiara andava verso la cucina, si è girata. Ci siamo guardati da quattro o cinque metri di distanza, e mi sembrava che tremassimo tutti e due nell'improvvisa mancanza di ripari, con la stessa tensione nei muscoli delle labbra e degli occhi e delle caviglie.

Lei ha detto «Allora?», con un sopracciglio più alzato dell'altro in un modo buffo. Non le ho risposto e lei ha continuato verso la cucina, con il cane Speke che la seguiva a passi ultracorti e con il muso alzato, in attesa di cibo.

L'ho seguita anch'io, attraverso il territorio di confidenza non del tutto verificata che c'era tra noi. Avevamo i piedi sporchi dello stesso fango, glieli guardavo per averne conferma.

Lei ha aperto una scatoletta di cibo per cani e ne ha versata metà nella ciotola di Speke, si è accovacciata a guardarlo mentre si tuffava a mangiare a rapidi colpi di muso e brevi indietreggiamenti e nuovi tuffi in avanti. Rideva, diceva «Buono, eh?»; diceva «Spe-ke».

Ed ero geloso perfino della sua attenzione per lui: di come aveva la stessa qualità non diluita dell'attenzione che aveva avuto per me e per sua madre e per chissà quante altre persone e animali e cose prima e altrove. Ho detto «Lascialo mangiare in pace».

«Mi diverte» ha detto lei; rideva. Ha detto «È come noi due con la frittata di Magda».

Ho pensato che era vero, e che la sua attenzione nasceva dalla capacità di cogliere lo spirito essenziale delle cose che mi aveva tanto colpito nei suoi disegni; che ero molto più rigido di lei, per quanto mi sembrasse di essere cambiato dopo la caduta; che anche senza giacca stretta e senza dolori nel corpo avevo limiti da tutte le parti.

Lei mi ha guardato dal basso, ha detto «Come sei elegante, madonna», rideva.

Ho riso anch'io, ma non mi sentivo attraente e non avevo un grande senso dell'umorismo; ho preso una tovaglia indiana piegata su una mensola, me la sono messa intorno alle spalle.

Lei ha detto «Ancora meglio», rideva. Ha detto «Sembri un abitante dello Yukianda».

«E dov'è lo Yukianda?» ho detto.

Lei si è alzata, ha detto «Da nessuna parte»; non sorrideva più.

Ho fatto per andare verso di lei, ma lei si è mossa prima e mi è passata oltre, è andata nel soggiorno. Ho posato la tovaglia, l'ho seguita con la sensazione di essere dal lato svantaggiato di uno squilibrio; ho detto «Maria Chiara?».

Lei si è girata, e di nuovo ci siamo bloccati a guardarci; la distanza sembrava difficile da attraversare.

Invece ci siamo mossi tutti e due, anche se con la più grande lentezza, come se il pavimento di legno avesse una doppia inclinazione che saliva verso il nostro possibile punto d'incontro. Ma andavamo avanti, e abbiamo continuato fino quasi ad arrivare a contatto, ci siamo fermati in un campo di oscillazione dove i nostri sensi raccoglievano segnali così amplificati da essere difficili da decifrare.

Siamo rimasti sospesi in questa prospettiva dove la piega iniziale di un sorriso sembrava l'avvio di un'onda oceanica, e poi da un istante all'altro la distanza che restava tra noi si è dissolta e siamo caduti uno contro l'altra così forte da rompere nell'impatto i diaframmi sottili delle nostre due capacità separate di registrare dati ed elaborarli. Lo spazio ci si è richiuso intorno fino a schiacciarci e si è dilatato al punto di mettere alla prova la resistenza dei nostri confini corporei, mescolare forme e colori e odori e sapori e spessori e pesi e superfici e profondità con un'avidità insaziabile di tatto e vista e olfatto e gusto e udito portati a una vibrazione di diapason e sopraffatti.

Siamo scivolati fuori dal soggiorno e dal corridoio e dallo stare in piedi e dai vestiti, ci siamo appoggiati e aggrappati e rotolati in un'orizzontalità elastica che affondava sotto di noi e ci sosteneva. Eravamo due gattini bagnati appena nati, con gli occhi chiusi; e ancora più indietro, due lontani organismi che respirano sincronizzati e assorbono attraverso la pelle la chimica essenziale della vita. Eravamo percorsi di acqua e di sangue, di una soluzione salina a trentasette gradi che ci attraversava e ci faceva scivolare come se risalissimo una corrente e la discendessimo allo stesso tempo. Galleggiavamo e andavamo sotto e tornavamo in superficie; ci riempivamo di sensazioni e le rilasciavamo con una sensibilità ciclica acuita dalla ripetizione; ogni movimento era una richiesta e un appagamento che apriva la strada a una richiesta ancora più insistente. Eravamo sopraffatti dallo stupore e drogati dalla dimestichezza, senza vista e tutti sguardi, assorti nei dettagli più minuti e infinitamente distratti, lenti e accelerati, minuscoli rispetto al momento e tanto grandi da toccare i suoi confini con la testa e con la punta dei piedi se non ci stavamo attenti. Eravamo in un punto indefinito dell'universo ed eravamo nella camera da letto al terzo piano della casa dalla facciata rossastra nella via selciata stretta; eravamo unicamente noi due, pazzi dei nostri specifici nomi e corpi, ed eravamo senza nessuna fisionomia distinta. Avevamo tutto il tempo illimitato del mondo e avevamo la fretta più bruciante e divorante; stavamo fermi ed eravamo trascinati senza freni lungo un corso inarrestabile. Non dicevamo niente; seguivamo respiri e battiti di cuori accelerati in un ritmo che avrebbe potuto continuare per sempre o rompersi da un istante all'altro e farci volare avanti e lasciarci persi.

Ci siamo guardati alla luce debole di una piccola lampada di vetro blu di fianco al letto, ed ero così sconvolto e stupito che mi è venuto da ridere. Anche lei ha riso, luminosa e limpida, apparentemente sorpresa quanto me. Ho allungato una mano per toccarle i capelli attraverso il paesaggio sconvolto di lenzuola e cuscini, e non ero sicuro di conoscere il suo nome ma conoscevo lei, e non sapevo niente della storia della sua stanza.

Le ho detto in una voce grattata «Chi sei?».

«E tu?» ha detto lei.

«Questo» ho detto. Avevo gli occhi pieni di punti luminosi, il corpo pieno di spilli.

Lei mi è venuta più vicina, ma non riuscivo a metterla bene a fuoco, il mio braccio era l'unico ponte sicuro tra le nostre due consistenze di nuovo separate. Pensavo che tutto quello che avevo cercato e sperimentato e non voluto prima era solo per arrivare qui adesso, eppure avevo paura.

Ho detto «E tu?».

Maria Chiara ha detto «Non pensavo che potesse succedere».

«Perché?» ho detto, con un'intonazione ridicola.

Lei ha detto «Non ci credevo più».

«Quando?» ho detto. Avevo una percezione del tempo a curve, più che a spezzoni lineari, ma non riuscivo a capire dove iniziassero.

«Prima» ha detto lei, e anche questo non mi aiutava per niente.

Mi sono girato sulla schiena. Volevo socchiudere gli occhi, lasciarmi galleggiare nell'adesso con minimi movimenti di piede.

Uno spazio non registrato di tempo è scorso via: pensieri che giravano e si dissolvevano come figure riflesse su bolle di sapone.

La voce di Maria Chiara ha detto «Ma cosa è successo?».

Mi sono girato su un fianco, puntellato su un gomito; ho detto «Che ci siamo incontrati».

«Tu come lo sai?» ha detto lei.

«Lo so» ho detto. «L'ho saputo appena ti ho vista.» Ho detto «Appena sono salito qui in casa, prima ancora di vedere Alberta per terra».

Lei è stata zitta, guardava oltre la mia testa, verso la parete.

Mi sono pentito subito di avere parlato di Alberta; ho detto «E tu?».

Lei ha detto «Quando hai suonato il piano». Si è allungata a raccogliere le coperte ai piedi del letto: la sua flessibilità era magica anche così rallentata, le sue forme chiare e tenere mi lasciavano indietro.

Ho detto «E cos'hai pensato?». Non riuscivo a parlare calmo, né a pensare calmo; mi sentivo come uno che ha scoperto il tesoro più straordinario del mondo e di colpo si rende conto di non avere nessuna garanzia che sia suo, né di averlo davvero scoperto lui.

Lei ha detto «Che è strano». Si è passata una mano tra i capelli, la sua fronte aveva una tensione dolce e coerente.

Ho detto «È *molto* strano. Ma siamo qui».

«E poi?» ha detto lei, in un tono incerto.

«Non c'è nessun poi» ho detto. Mi sono tolto le coperte di dosso; ho detto «Abbiamo aspettato così a lungo questo momento e non lo lasciamo mai più andare». Ho detto «Ci restiamo dentro per sempre». Avrei voluto ridere o fare un gesto per liberare l'energia che avevo dentro e rimetterla in circolo tra noi, ma era come se l'avessero già assorbita tutta le mie parole; mi sembrava di essere felice, e nello stesso tempo di scivolare verso il territorio freddo e duro del poi senza riuscire a fare una resistenza efficace.

Maria Chiara ha detto «Nel momento?», come se guardasse la parola in trasparenza per scoprire cosa c'era dentro.

«Sì» ho detto, sentivo il sangue che mi pulsava alle tempie.

«Ma il momento finisce» ha detto lei. «Dopo un po'.»

«Non questo» ho detto.

Lei si è girata a guardarmi, e non avevo nessun dubbio che il suo sguardo contenesse tutta l'immaginazione e il divertimento e la passione che avrei potuto mai volere dalla vita.

Siamo stati fermi, non c'era nessun suono dentro la casa né fuori.

Maria Chiara ha allungato una mano, mi ha toccato la fronte con la punta delle dita. E questo invece di rasserenarmi ha aggravato nel modo più improvviso la sensazione di pericolo che avevo dentro, mi ha fatto correre i pensieri in preda al panico in tutte le direzioni.

Lei si è mossa, e ho pensato che stesse per alzarsi a sedere e diventare improvvisamente razionale, e invece è venuta verso di me e mi ha dato un bacio sulle labbra, e il contatto si è esteso e ci è arrivato in fondo a ogni fibra, in un istante non avevamo più un solo millimetro non invaso.

Non avevo pensato che ci fosse di più, dopo quello che c'era già stato: che potesse diventare una perdita totale di intenzione e direzione e percezione, una terza essenza che naviga su se stessa con lentezza illimitata e continue accelerazioni interne. Non avevo pensato di poter stare dentro il momento al punto di essere il momento. Avevo memorie di sensazioni nei polpastrelli e di gesti nelle braccia e di immagini negli occhi, e non servivano nemmeno più da riferimenti; c'erano altre forze in gioco, infinitamente profonde rispetto a noi.

Ci siamo guardati da sotto in sopra, sfiniti e rovesciati come eravamo; ho impiegato minuti interi per tornare al significato di un'espressione o di un tono di voce. Ho detto «Maria Chiara»: stupito dal fatto di poterle suscitare un sorriso di risposta.

«Luca» ha detto lei, e mi sembrava un suono altrettanto strano.

Ci siamo dati baci di superficie a occhi chiusi: baci-conferma e baci-collocazione territoriale, per sapere che eravamo davvero noi e davvero qui. Ma sembravamo incerti come convalescenti, fragili al punto di non riuscire a reggere uno sguardo per più di un secondo.

Ho detto «Mi sembra di essere sempre stato addormentato. Come se ci fosse qualcuno che doveva svegliarmi a un certo punto».

«E adesso?» ha detto lei.

«Mi sono svegliato» ho detto. «O almeno credo.»

Lei ha riso; c'erano troppi particolari che volevo registrare, cambiavano di continuo. Ha detto «E cosa pensavi che succedesse, una volta sveglio?».

Ho detto «Di avere quello che volevo». Ho detto «Di essere una persona migliore, anche». Ho detto «Avere quello che volevo ed essere una persona migliore».

Lei ha riso ancora, ma meno; mi spaventava pensare quanto mi era mancata la sua voce per tutto il tempo in cui non la conoscevo.

Ho detto «Ma tu sei sempre stata così?».

«Così come?» ha detto lei: aveva un modo curioso di inclinare la testa e muoverla appena.

«Così» ho detto. «Come sei adesso.»

«Non lo so» ha detto lei. «Più o meno credo di sì.»

«Ma non dicevi dei vestiti?» ho detto. «Che hai cambiato tanti stili e anche molto diversi, e non erano mai davvero i tuoi?»

«Sì» ha detto lei. «Ho cercato di cambiare. Varie volte.» E non era quello che volevo sentire: volevo sentire che era stata un'altra o molte altre ed era diventata quella di adesso solo dopo un lungo percorso tortuoso, giusto in tempo per incontrare me.

«E ci sei riuscita?» ho detto, invaso da immagini di sue possibili versioni diverse: capelli in altre lunghezze e pettinature, sguardi di ricerca, vestiti comprati e messi, scarpe, camminate, sorrisi, modi di muoversi, modi di stare seduta e in piedi, valigie, mani su porte, liti, sguardi di domanda, mani su telefoni, corse, finestre di mattina, modi di leggere libri, costumi da bagno, modi di stare sdraiata, gesti per sostenere una conversazione, spremute d'arancia, modi di mangiare, tavole, sguardi di attenzione, lavandini, pianti, piatti, ginocchia, modi di accavallare le gambe, cuscini, lampade, baci a distanza, baci veri.

«Sì» ha detto lei. «Credo di sì.» Ha detto «Però alla fine mi sono stufata e sono tornata più o meno quella che ero in origine».

Ero geloso di lei, adesso: furioso di senso di possesso frustrato. Ho detto «Ma perché prima hai cercato di cambiare?».

«Boh» ha detto lei. «Per corrispondere meglio al mondo, credo.»

«E corrispondere meglio agli uomini?» ho detto.

«Sì» ha detto lei; ha fatto di sì con la testa.

«Quali uomini?» ho detto, con un catalogo di dettagli ultradefiniti di possibili uomini che mi scorreva nella testa: occhi, giacche, sopracciglia, capelli, accenti, macchine, atteggiamenti sessuali, distrazione, conoscenza di dettagli, atteggiamenti da ristorante, portafogli, atteggiamenti da cinema e da teatro, gesti di protezione, gesti di prevaricazione, orari di aereo, spirito di avventura, pantaloni, simulazioni di coraggio, telefonate, telegrammi, fumo, cene, alcol, boxer di cotone, mazzi di fiori, gesti di familiarità, ginnastica, mani, carte di credito, colazioni, piedi, scarpe. Era una forma incredibilmente meschina di gelosia, fatta di stereotipi e istinti animali non evoluti, irrimediabile.

Lei si è messa le mani ai lati della faccia, gli occhi le venivano lunghi e quasi orientali come quelli di una lince della Siberia. Ha detto «È una cosa che le donne fanno, cercare di essere come gli uomini le vorrebbero».

«E ci riescono?» ho detto.

«A volte» ha detto lei. Ha detto «Più di quanto ci riescano gli uomini con le donne, in ogni caso».

«Ma anche gli uomini si sforzano di cambiare, no?» ho detto; mi tornava in mente quando ne avevo parlato con sua sorella e ancora non la conoscevo.

Lei ha detto «Si sforzano di fare gli splendidi, più che altro».

«E le donne?» ho detto.

«Le donne ci credono» ha detto lei. «Poi gli uomini si stancano, e le donne sono cambiate inutilmente.»

«E si riempiono di risentimento?» ho detto.

«Di delusione» ha detto lei.

«E di rabbia?» ho detto.

Lei ha riso; ha detto «Di delusione e di rabbia e di risentimento».

«E gli uomini?» ho detto.

«Gli uomini non se ne accorgono neanche» ha detto lei. «O se ne accorgono, ma non gli importa più di tanto. Si attaccano alla situazione come è, anche se è un fallimento. Gli basta conoscerla bene e sentirla loro, non dover fare fatica. Gli basta potersi buttare di nuovo all'esplorazione e alla conquista del mondo sapendo che hanno un posto dove tornare.»

«Ma non è sempre così, no?» ho detto. Le guardavo la gola bianca, la linea di una spalla: non mi ricordavo da quale casa ero uscito, come ero arrivato fino a lei. Ho detto «Dipende anche da quali uomini e quali donne, no?».

Lei ha detto «Sì». Si è alzata a sedere, si è abbracciata le ginocchia.

Ho detto «Non hai mai pensato che dovesse esserci una sorpresa, da qualche parte?». Ho detto «Che smentiva tutto quello che sapevi?».

«Forse» ha detto lei.

Ho detto «Ci conosciamo così tanto, e non sappiamo quasi niente».

«Perché, ci sono cose brutte da sapere?» ha detto lei, in un tono che oscillava tra scherzo e allarme.

«No» ho detto. Mi ha preso un'onda di preoccupazione violenta per Anna e per il centro di equitazione, per il vuoto di informazioni che durava da chissà quante ore o giorni, ormai. Mi è venuto da aggrapparmi al materasso per non farmi trascinare via. Mi è venuto da dire tutto a Maria Chiara, chiederle un'opinione distaccata o un'opinione partecipe, chiederle aiuto.

«Allora vediamo» ha detto lei; è rotolata verso di me.

«Vediamo cosa?» ho detto; il suo sorriso era quello che avrei voluto incontrare quando avevo cinque anni e andavo all'asilo e mi sentivo perso in un mondo intollerabilmente estraneo.

«Vediamo chi sei» ha detto lei, con uno sguardo che mi faceva pressione direttamente sull'anima.

«Se lo capisci dimmelo» ho detto. «Perché io credo di essere un po' in ritardo su quello che succede, negli ultimi tempi.»

Lei ha detto «Sì?», rideva.

Ci siamo baciati e abbracciati, ed eravamo senza più forze e avevamo fame e sete, avevamo sonno e bisogno di parlare e bisogno di guardare, bisogno di stare immobili e bisogno di essere in dieci posizioni diverse, bisogno di riposarci e di stancarci e di toccarci e di stupirci e di commuoverci ancora. Era come una malattia acuta e come una guarigione improvvisa, uno scioglimento che apriva intere gamme di possibilità non esplorate e ci sollecitava molto oltre i nostri limiti conosciuti e ci lasciava in pace e ci intrideva di spavento e nostalgia e incertezza e avidità e rabbia e generosità e cautela e ansia e calma e fretta e caldo e sudore e sensibilità estrema a ogni minima superficie a ogni minimo spessore a ogni millimetro di pelle di lineamento di pupilla dilatata finché avevamo tutto stretto tra le braccia e tra le mani e sulla punta delle dita e tutto ci scivolava via e ci lasciava allibiti e irriconoscibili.

Maria Chiara ha detto «Ho fame».

Ero sdraiato a faccia in giù sul lenzuolo tutto pieghe, l'idea di rialzare la testa e guardarla mi sembrava irrealizzabile.

«Tu non hai fame?» ha detto lei.

Il suo tono ibrido da bambina che gioca e da donna che conosce la vita mi ha risucchiato in uno stato attivo; ho detto «Sì».

Lei era seduta a gambe raccolte, con un sorriso sulle labbra che mi ha comunicato un bisogno di certezze o almeno di promesse di certezza.

«Sì» ho detto. mi sono tirato su.

Siamo andati in cucina, nudi come eravamo, e non faceva caldo ma non avremmo neanche saputo che vestiti metterci, ci muovevamo come se fossimo nati dentro i confini del momento senza conoscere niente di quello che c'era appena fuori.

Il cane Speke ci girava tra i piedi con la più strana pacatezza, è andato ad accucciarsi in un angolo; la casa era silenziosa.

Maria Chiara ha aperto il frigorifero, ci ha guardato dentro in un modo che conoscevo anche se non mi ricordavo da quando. Ci ho guardato dentro anch'io, e non c'era niente a parte un cartone di latte e un avanzo di stracchino, due arance nel cassetto in basso. Ogni oggetto sembrava affiorare nello spazio e scomparire al chiudersi di uno sportello mentale; ci muovevamo in uno stato intermedio tra la veglia e il sonno, dove non c'era nessuna distanza tra un gesto e il suo ricordo.

Maria Chiara ha preso il latte e due bicchieri e il barattolo di miele e un solo cucchiaino, quando ha posato tutto sul tavolo sono stato sicuro di averglielo già visto fare. Anche il sapore del miele lo conoscevo in ogni sfumatura di dolce e amaro, e il suo colore e la sua consistenza, eppure mi suscitava pensieri non ancora classificati. C'era una sola lampada accesa sopra una mensola; ci bagnava di luce calda mentre mangiavamo il miele e bevevamo il latte, niente rispetto alla nostra fame eppure tutto quello di cui avevamo bisogno.

Ho detto «Ehi». La mia voce aveva una qualità più immaginata che reale: è suonata tra le pareti della cucina senza lasciare nessuna scia di vibrazioni.

Maria Chiara mi ha guardato; io ho girato la testa. I nostri sguardi erano come piccoli colpi di pinne in acque dense: ci mettevano di traverso dove i flussi di marea potevano trascinarci avanti o indietro.

Ho detto «Pensa se non fossimo qui».

Lei mi ha guardato di nuovo, con una gamba raccolta, l'altra allungata sotto il tavolo: intessuta di linee chiare. «Se fossimo rimasti ognuno nella sua vita?» ha detto. Il suono delle sue "s" attraversava una crepatura sottile che avevo nel cuore.

«Sì» ho detto, senza più la forza per un'altra domanda.

Lei si è messa un cucchiaino di miele in bocca, e potevo sentirne il suono benché non ne avesse uno apparente, nello stesso modo in cui potevo sentirla muovere quando era ferma.

Mi è venuto un brivido, per il tempo che andava avanti e il giorno che già si preparava ad aspettare la notte al varco.

Maria Chiara ha guardato verso la porta-finestra buia; sembrava disorientata quanto me.

Ho puntato i talloni, inclinato la sedia all'indietro per verificare la precarietà del mio equilibrio. Avevo la sensazione che fossimo incredibilmente antichi e recenti, privi di risorse e con una dotazione di possibilità di cui non sapevamo quasi niente. Avrei voluto parlare, ma riuscivo a immaginarmi solo singoli suoni, spostamenti di centimetri: le mie anticipazioni avevano archi minimi.

Siamo tornati a letto quando abbiamo cominciato ad avere troppo freddo e a fare troppa fatica per mantenere qualunque posizione. Abbiamo mormorato parole senza forma, recuperato le coperte da terra come una rete ormai pesante. Ci siamo abbracciati pancia contro schiena finché non c'è stato più un solo millimetro di distanza tra noi; non mi ricordavo di avere mai trovato una combinazione così perfetta di concavo e convesso.

Nove

Poi ero del tutto sveglio nel buio della stanza senza capire quando mi ero svegliato, con il cuore troppo veloce e i pensieri in corsa vertiginosa, i dolori della caduta riacutizzati in quattro o cinque punti del corpo. Mi sembrava di essere nel profondo del momento e già quasi fuori, senza nessuna preparazione per quello che stava per succedere. Ascoltavo il respiro di Maria Chiara che mi dormiva a fianco senza sapere quasi niente della mia vita, e mi sembrava che parlargliene al mattino non sarebbe stato abbastanza. Mi sembrava che non ci fosse spazio per spiegazioni e arretramenti e rassicurazioni e attese e oscillazioni e recuperi; che quello che avevamo non potesse reggere a nessun lungo processo di riorganizzazione senza rompersi o trasformarsi in un'altra cosa. Mi è venuta fretta, più che paura: voglia di precipitarmi da Anna in campagna e metterla di fronte alla situazione nel modo più disperato e chiaro e sgombrare la mia vita e tornare di corsa da Maria Chiara e presentargliela libera e aperta se la voleva.

Ho cercato a tentoni il mio orologio ma non lo trovavo; sono sgusciato fuori dal letto, mi sono fermato sulla porta con il respiro sospeso, sono uscito dalla stanza. L'impazienza mi mordeva alle caviglie: ero traboccante di spirito di cambiamento, senza incertezze su quello che volevo.

Nel soggiorno ho trovato il mio orologio sul divano, alla debole luce lattiginosa che saliva dai lampioni della via. Speke mi veniva dietro con la stessa tranquillità assorta di quando aveva guardato me e Maria Chiara in cucina, il ticchettio delle sue unghie sul legno sembrava un incoraggiamento. Ho guardato gli indici fosforescenti dell'orologio, e segnavano le cinque. Ho fatto e rifatto calcoli mentali a doppia velocità: distanze da percorrere e limiti meccanici della vecchia Renault, tempi per saltare giù dalla macchina ed entrare nel cottage-baita e salire la scala di legno e svegliare Anna e dirle quello che dovevo e lasciarle assorbire la realtà e ribadirla forse una seconda o terza volta se ce n'era bisogno e aspettare una sua reazione definitiva di conferma e tornare fuori e saltare in macchina e rifare di corsa la strada fino a Roma e attraversare la città ancora quasi vuota e suonare il citofono e svegliare Maria Chiara e farmi aprire e risalire le scale due gradini alla volta, appoggiarle una mano su un fianco mentre era ancora assonnata, lasciare che l'involucro del momento si ricostituisse intorno a noi per sempre. Non mi sembrava che ci volesse altro, ed ero sicuro di non trovare traffico lungo la strada; potevo andare e fare tutto ed essere di ritorno entro le otto, e ancora avere un margine per imprevisti e ostinazioni e debolezze e complicazioni meccaniche.

Ho cercato il sacchetto di plastica dove avevamo messo le nostre scarpe e i nostri vestiti bagnati, ho separato i miei da quelli di Maria Chiara a cui erano mescolati. Me li sono infilati, come se tornassi alla pelle viscida e fredda che avevo avuto prima che ridessimo e ci urtassimo e ci respirassimo addosso nella macchina furgonata; ma non ce n'erano altri, e non mi sembrava di poter andare a chiudere drammaticamente una storia di anni con addosso un paio di pantaloni gialli da paggio.

Avevo la testa piena di frasi per dire ad Anna che tra noi era finito tutto e che la consideravo una persona fantastica e che era unicamente colpa mia se adesso non volevo saperne più niente del centro di equitazione né della campagna né di lei; che le lasciavo la mia quota di società e i miei cavalli e le mie selle e il pick-up giapponese e i miei libri e dischi e cassette e anche la mia mantella impermeabile rossa da trekking se la voleva, purché mi restituisse la mia vita senza cercare di bloccarmi il passaggio. Speravo solo di mantenere lo slancio perfettamente definito che avevo dentro, non diventare impreciso per fretta o stanchezza o confusione. Ma ero sempre più incalzato dall'ansia, come un trasportatore di merce deperibile che cerca di arrivare al più presto a destinazione e scaricare tutto e andarsene via prima che il carico gli si cominci a guastare.

Sul tavolo vicino alla finestra ho disegnato un messaggio per Maria Chiara, nel caso che si fosse svegliata prima del mio ritorno: un piccolo trampoliere che teneva nel becco la scritta *Non alzarti, facciamo colazione insieme. L.* Non riuscivo quasi a distinguere i tratti del pennarello nel buio, ma non volevo accendere la luce, mi piaceva muovere la mano come in una scrittura guidata.

Sono andato ad attaccare il foglio alla maniglia della porta della camera da letto. Non ho resistito ad affacciarmi dentro: ho guardato nel buio ma non vedevo niente, il cuore mi batteva così forte che non riuscivo neanche a sentire il respiro di Maria Chiara.

Sono tornato nel soggiorno più veloce che potevo, mi sono infilato le scarpe fradice. Ho aperto la porta d'ingresso, sono rimasto fermo sul pianerottolo per secondi interi prima di richiuderla. Sono andato giù per le scale, ho corso nella via silenziosa fino alla mia macchina ferma raso a un muro. La notte era fredda e ancora impregnata di tutta la pioggia del giorno, ma bruciavo dalla voglia di muovermi, non aspettare, accelerare tutto ai limiti estremi del possibile.

Dieci

Invece quando sono arrivato al centro di equitazione erano le cinque e mezza, e Anna non c'era. La lanterna da notte era accesa, il pick-up giapponese fermo al solito posto nel piazzale, ma il cottage-baita era vuoto. Ho fatto un giro affannato di tutte le stanze e sono tornato fuori tra le pozze d'acqua e il fango intorno alle vecchie scuderie e al cantiere delle nuove; incespicavo, respiravo corto. Non mi sembrava di essere in grado di fronteggiare uno sviluppo di questo genere; gridavo «Anna!» al massimo della voce in tutte le direzioni.

Sono tornato dentro, nella cucina-bar e nella saletta-soci e nel piccolo bagno e in quello al piano di sopra e nella camera da letto e perfino nel ripostiglio delle scope, ma non trovavo nessun messaggio o segnale da interpretare, a parte le migliaia di impronte e tracce e filature di quattro anni di vita insieme.

Sono risceso alla cucina-bar, ho guardato gli oggetti sulle mensole e le fotografie alle pareti, il calendario con gli appuntamenti e le scadenze del mese scritti nella calligrafia di Anna e nella mia, i piattini e le tazze da tè a disegni equestri sulla mensola della credenza. Mi è tornato in mente quando Anna me li aveva regalati per il primo mio compleanno che passavamo insieme: il misto di disagio per la loro bruttezza e commozione per il modo in cui lei mi studiava la faccia mentre aprivo l'imballaggio. Ho cercato di non pensarci, guardare altrove, sovrapporre a queste immagini quelle di lei tutta dati-di-fatto di fronte ai miei tentativi di comunicazione due mattine prima, ma non era facile come avrei voluto: non lo era. Il fatto di non sapere neanche dove fosse così tardi nella notte mi spiazzava completamente, rendeva inutilizzabili gli strumenti mentali da taglio e da sutura che avevo affilato con tanta furia lungo la corsa in macchina.

Ho cercato di richiamare il tono di Anna quando cominciava a far scorrere una delle sue sequenze inarrestabili di considerazioni pratiche non sfiorate dalla minima luce di ironia; il modo che aveva la sera di inzuppare biscotti in una tazza di latte e parlare non-stop di cose fatte o da fare senza accorgersi che i biscotti si disfacevano, per poi afferrarli all'ultimo istante possibile con un risucchio improvviso da animale di stagno. Potevo trovare una quantità infinita di immagini di questo tipo solo a pensarci, e un intero lago sotterraneo di non-curiosità e non-attrazione e non-divertimento, e non bastava a farmi muovere rapido e deciso come avrei voluto.

Continuavo a passare da una stanza all'altra, guardavo fuori da ogni finestra in cerca di ombre o di fari: era tutto fermo nella notte umida, senza suoni. Non capivo perché non avevo telefonato per spiegarle la situazione o almeno anticiparle qualcosa; perché non avevo tagliato con lei il giorno stesso della caduta, appena mi ero reso conto dell'infelicità abbagliante che avvolgeva tutto quello che c'era tra noi. Ero preso in una tristezza senza forma, fatta di sensi di colpa e sensi di perdita e sensi di vuoto; mi veniva da dare pugni ai muri. Avevo Maria Chiara nella memoria dei polpastrelli e nella memoria degli occhi e nella memoria del cuore, la sua voce nelle orecchie, il suo modo di pensare nel cervello; non riuscivo a credere di farmi trattenere così a lungo nel contenitore della mia vecchia vita quando morivo dalla voglia di averne una nuova con lei.

Nella saletta-soci ho preso una penna e un blocco a quadretti omaggio di un fabbricante di sottosella, mi sono seduto a scrivere:

Cara Anna,
è molto probabile che ti sia già immaginata che qualcosa di fondamentale si è rotto tra noi, anzi è molto probabile che in questo momento (5.50 di notte) tu sia già ben al di là di quello che volevo dirti da giorni senza riuscirci e so quanto questo posto e questo lavoro ti hanno fatto diventare forte e pronta a reagire e non credo proprio che tu sia disperata e spersa da qualche parte nella notte ed è molto probabile che tu avessi capito prima di me che la nostra storia era arrivata a un totale punto morto e che non c'era più verso di sistemare o riparare niente ma solo di prenderne atto e non consumare a vuoto altra vita per pura ostinazione o paura o chiusura di orizzonti senza

Mi veniva lunga e male articolata, molto meno secca di come avrei voluto. Mi sono alzato e sono andato alla finestra a guardare fuori; sono tornato indietro, ho guardato il bersaglio per il tiro a freccette sulla parete, il telefono sul tavolino basso. Non sapevo se telefonare a Maria Chiara e svegliarla e darle un quadro in tempo reale della situazione e tenermela vicina a parole e a toni di voce, o invece lasciarla dormire e spiegarle tutto a cose risolte quando tornavo. Cercavo di capire se avevo ancora il tempo tecnico per aspettare Anna e parlarle e chiudere la nostra storia e prendere la valigia e guidare fino a Roma. Mi sembrava di potercela fare, e un istante dopo mi sembrava di no: i pensieri mi slittavano uno sull'altro, avevo movimenti immaginari compressi in tutti i muscoli del corpo.

Ho strappato la prima lettera in molti pezzi minuti, ne ho cominciato una seconda:

Anna,
tra noi è finito tutto e non c'è più un solo motivo vivo in base a cui restare insieme. Adesso è inutile mettersi a fare una distribuzione di torti o ragioni, l'unica cosa che conta è che

L'ansia di andarmene mi si riversava nella penna in modo troppo brutale, mi faceva sentire come un assassino. Ho strappato anche il secondo foglio, ho buttato i frammenti nel cestino di canna intrecciata delle Filippine che Anna aveva comprato a una fiera in un paese vicino.

Mi passavano attraverso la testa immagini dalle nostre sere come interferenze smozzicate ma leggibili; scuotevo la testa per liberarmene, e le vedevo lo stesso. Lineamenti e forme familiari, sintonia bassa, assenza di inquietudine, conversazioni ad anelli, amplificazione di dettagli irrilevanti: quando analizzare a lungo l'andatura di un cavallo al trotto o la consistenza dei suoi zoccoli sembrava un modo di dare ordine al nostro paesaggio mentale, renderlo più abitabile e sicuro. Cercavo di capire se davvero avevamo avuto un paesaggio mentale comune, e mi sembrava di sì, anche se racchiuso, fatto di sensazioni corte e conferme di limiti. Ci eravamo sentiti lontani dal mondo e vicini tra noi come due esiliati su un'isola deserta senza grandi risorse naturali: con lo stesso tipo di solidarietà motivata dalla sopravvivenza, ma efficace e anche tenera a tratti. E non riuscivo a ricordarmi grandi slanci creativi o scie impetuose di sentimenti, però mi ricordavo l'ammirazione nello sguardo di Anna per le mie tecniche primitive di lavoro, quando l'idea di ricorrere a una macchina o a un operaio specializzato mi sembrava il tradimento di un principio essenziale. Mi ricordavo come le si era affievolita poco a poco, nell'attrito e nella ripetizione di ogni giorno, fino a non esserci più del tutto.

Camminavo su e giù per il vecchio cottage-baita e mi sentivo braccato; cercavo di ricacciare questi pensieri alla loro vera distanza, sotto quelli mille volte più vicini di Maria Chiara. Ma avrei voluto almeno sapere se Anna era per caso spersa e disperata da qualche parte, o in giro a cercarmi per ospedali e commissariati, o si era rifatta una vita a tempo record e aveva ancora meno voglia di me di sentir parlare della nostra storia e di cavalli e di centri di equitazione. Avrei avuto bisogno di qualche dato in base a cui muovermi, invece di aggirarmi come un ostaggio nella notte che si esauriva minuto dopo minuto e mi lasciava allo scoperto del tempo e della distanza e delle cose non spiegate.

Sono risalito in camera, ho tirato fuori la mia vecchia valigia da sotto il letto. Mi è venuto in mente che io e Anna non avevamo mai avuto una vera lite aperta intorno alle basi del nostro stare insieme, ma solo scontri circoscritti a specifiche questioni pratiche. Vista da dentro il cottage-baita l'idea di tagliare con lei mi sembrava molto più violenta e inaspettata che da casa di Maria Chiara: come sparare a un cavallo caduto prima di essere certi che abbia davvero una gamba rotta, o invadere un paese confinante senza una dichiarazione preventiva di guerra. Eppure non avevo nessun dubbio che la nostra storia fosse rotta in modo irrimediabile e l'invasione già avvenuta, ma non bastava a farmi smettere di oscillare tra impazienza e inerzia, spietatezza e compassione. Mi chiedevo se ero troppo in anticipo o troppo in ritardo per andarmene; se l'avrei fatto anche senza le sensazioni di Maria Chiara che mi attraversavano il cuore e la testa e il corpo in tutte le direzioni, o sarei rimasto per chissà quanti altri anni chiuso nei confini rassicuranti della vita che conoscevo. Di nuovo mi è venuta una rabbia selvaggia contro me stesso, voglia di farla finita.

Ho tolto una camicia dall'armadio, l'ho piegata nel mio brutto modo reso ancora più impreciso dalla frenesia. Ho aperto un altro cassetto a caso, ed era pieno di magliette e mutandine e calze di Anna: mi è venuta una fitta acuta di dispiacere per come le conoscevo bene e per come non erano più nuove, il loro cotone scolorito e indebolito dal tempo. Mi sono seduto per terra, respiravo lento, guardavo l'armadio e il letto e i mobili e i muri. C'era una foto appesa di me e lei a cavallo durante un trekking sui monti della Tolfa; mi sono chiesto quanti lavaggi di biancheria ci separavano da allora, quanto si erano stinti e sfibrati e ristretti i sentimenti che avevamo in origine. Sono andato a studiare da vicino i nostri tratti nella stampa a colori per leggerci qualcosa di quello che c'era stato, ma non ci riuscivo: si vedevano solo due facce intente a un'impresa comune e leggermente sovraesposte, con gli occhi stretti nel sole di una primavera andata.

Ho tirato fuori dall'armadio un paio di calzoni, li ho buttati nella valigia. Mi chiedevo se c'erano ragioni molto più estese dietro a quello che mi sembrava un dramma strettamente personale: se il destino o la biologia o la chimica lavoravano silenziosi e irresistibili dietro ogni apparente scelta e mi trascinavano lungo i loro percorsi. Mi chiedevo se era possibile che con il tempo anche il mio incontro con Maria Chiara potesse perdere la luce e il calore e l'unicità straordinaria che aveva adesso e non sembrarmi più un miracolo. Mi chiedevo se il tempo alla fine è un demolitore o solo uno snudatore di sentimenti; se si tratta di resistergli o di correre più veloci di lui o di cercare di tenerlo fermo; se non c'è niente da fare.

Non riuscivo a pensarci a lungo; volevo togliermi dal vischio del non-movimento, scrivere una terza versione chiara e secca e umana della lettera per Anna, andarmene. Ho piegato una seconda camicia, ruvida e di un colore violastro che non mi era mai piaciuto; pensavo che avrei potuto farne a meno, come di tutte le altre mie cose che c'erano nei cassetti o sugli scaffali. Mi è tornato in mente quello che aveva detto Maria Chiara a proposito dei suoi vestiti, e di come non erano mai davvero suoi; mi ha travolto una nuova onda di bisogno disperato di lei. Ho guardato l'orologio: segnava le sei e mezza. Non riuscivo a capire come fosse passato così tanto tempo senza che me ne accorgessi o facessi niente; il cuore ha preso a battermi ancora più in fretta.

Sono sceso, uscito sul piazzale, e l'aria era intrisa di una foschia pallida che diventava luce poco alla volta. C'erano cinguettii e trilli di prova di uccelli nascosti sugli alberi intorno, la zona franca tra notte e giorno si stava dissolvendo rapida. Ho teso l'orecchio, ma non sentivo nessun rumore di motore in avvicinamento, la strada al di là della staccionata era vuota fino a dove riuscivo a vedere. Continuavo a pensare a Maria Chiara che si svegliava e non mi trovava nel letto né nel resto della casa; mi chiedevo quanto mancava perché succedesse, se potevo ancora tornare in tempo. Avevo in testa tutto il percorso fino a casa sua: visualizzato con la più grande definizione, curva dopo curva e chilometro dopo chilometro, semaforo dopo semaforo.

Sono andato al paddock dei cavalli rinaturalizzati. Quattro o cinque di loro si sono avvicinati perplessi, per vedere se avevo qualche carota o mela da dargli così presto di mattino; quando hanno capito che non ne avevo hanno cominciato a ritrarsi con sguardi laterali. Ho preso per la cavezza Oscar, un castrone argentino di dodici anni che ero riuscito a recuperare dai danni di una doma violenta e di una serie di proprietari idioti. Gli ho grattato la fronte, ma aveva mantenuto una fobia per i toccamenti di testa, si è messo a tirare all'indietro finché non l'ho lasciato andare. Pensavo a tutto il tempo che gli avevo dedicato: a tutte le alzate all'alba e tutte le attese sotto il sole, tutti i tentativi di comunicazione e tutte le registrazioni di progressi impercettibili e tutte le piccole soddisfazioni, e mi riempiva di disperazione l'idea di avere avuto tanta pazienza, chiuso fuori dal mondo in cui Maria Chiara si muoveva libera e irrequieta. Avrei voluto riavere indietro almeno il tempo che avevo consumato con Oscar per poterlo usare di nuovo; per farmi bersagliare gli occhi di immagini e martellare i timpani di suoni, lasciarmi travolgere il cuore da impulsi disordinati, correre.

Sono corso in casa, su per la scala di legno e dentro la camera da letto. Senza scegliere ho buttato nella valigia altri vestiti a caso. I miei pensieri andavano a scatti, confusi come le stoffe inutili che avevo tra le mani. Lo sguardo di Maria Chiara e il suo respiro mi passavano dentro come allucinazioni: la piega all'angolo delle sue labbra quando stava per ridere, la linea della sua nuca quando era girata di tre quarti, le piante dei suoi piedi guardate da molto vicino (la sorpresa per come erano delicate rispetto a tutto il movimento che rendevano possibile). Ho chiuso la valigia, contro l'imprecisione delle mie mani e la resistenza della cerniera fuori esercizio. Non riuscivo a muovermi come avrei voluto, l'adrenalina che avevo nel sangue mi intossicava e produceva rallentamento invece che accelerazione.

Ho portato la valigia fuori dalla stanza da letto, e anche se era mezza vuota facevo una fatica sproporzionata a sollevarla, mi è sembrato di esaurire tutte le forze solo nel tratto dalla porta alle scale. Mi sono seduto sul primo gradino, con gli occhi e le orecchie pieni di segnali sfalsati. Ero sopraffatto dalla stanchezza, come un traslocatore professionista che si guarda intorno e riesce a valutare il peso delle cose senza neanche bisogno di metterci sotto le mani.

Poi la porta d'ingresso si è aperta con uno scatto e Anna è entrata, si è girata verso di me.

Ci siamo fissati dai due estremi della scala, con i movimenti ridotti a zero, tutti i sensi attivati per decifrare i reciproci segnali ed essere pronti a reagire con la massima rapidità possibile.

Anna ha detto «Cosa fai con quella valigia?». Inspirava dalle narici dilatate, il suo sguardo mi mandava brividi all'interno delle braccia per come era applicato alla registrazione di dati.

«Me ne vado» ho detto, in un tono che suonava distaccato quanto un'osservazione astronomica.

«Ah sì?» ha detto lei, con gli occhi stretti. Ha inspirato; ha detto «E come mai?».

«Perché tra noi è finito tutto» ho detto. Avrei voluto alzarmi, ma sono rimasto seduto. Ho detto «Perché non abbiamo più nessuna ragione viva di restare insieme».

Lei ha scosso piano la testa; aveva un'aria incredula, la punta del naso arrossata.

E non era la reazione che avrei voluto; ho detto in un brutto registro concitato «Non ti ricordi di com'eri l'altro ieri mattina, per esempio? O il giorno prima?». Sapevo che sbagliavo e che non era il modo di affrontare la questione, ma non riuscivo più a misurare o calibrare niente; ho detto «Tutta la distanza e l'impermeabilità e l'*indifferenza* di fondo?». Ho detto «Appena sotto il tessuto implacabile dei dati di fatto?».

Lei cercava di sbottonarsi il cappotto blu di quando viveva in città ma non ci riusciva, la tensione nei suoi lineamenti sembrava il preludio a uno scoppio o a un crollo totale. Ho detto «Possibile che non lo veda anche tu?». Ho detto «Che non lo voglia riconoscere?». Ho detto «Che ti ostini a ragionare come se fossimo una piccola impresa, più che due persone?».

Lei ha detto in un registro povero «Se lo dici tu».

Da fuori si è sentito il rumore di una macchina che faceva manovra nel piazzale, se ne andava.

«E *tu* invece cosa dici?» ho detto, rabbia e fretta e dispiacere e panico puro che mi si mescolavano nel sangue e mi dilagavano nella voce. Ho detto «Perché non riesci a dare alle cose il loro nome?». Ho detto «Il loro nome!».

«Tu sei pazzo» ha detto Anna.

«Brava» ho detto. Speravo solo che diventasse più ostile e antipatica che poteva; speravo in una semplificazione, bianco e nero invece di diecimila sfumature di grigio. Ho detto «È che sei così sorda e accanita». Non volevo più niente della commozione di quando avevo visto la sua biancheria nel cassetto; ho detto «Così omertosa con te stessa, madonna».

Lei ha piegato leggermente un ginocchio; i suoi lineamenti sembravano sostenuti da una riserva di ostinazione senza fine.

Ho detto «E dove sei stata, finora? Da dove cavolo arrivi?». Non mi aspettavo questa parte di me, ma era lì, nella confusione di impulsi che avevo dentro: questa parte improvvisamente miope e gelosa, senza giustificazioni.

Lei è stata ancora ferma ai piedi della scala, con le dita sui bottoni del cappotto; poi i suoi lineamenti si sono rotti tutti insieme e la rabbia le ha fatto inumidire gli occhi e arrossare la faccia, le ha fatto gridare «Da dove cavolo arrivi *tu*? Sono due giorni e due notti che sei sparito! Senza neanche sognarti di telefonare per dire uno straccio di niente! Quando potevo pensare che fossi morto o chissà cosa!».

«Ma non lo pensavi, no?» ho detto, anche se non ne ero sicuro.

Lei finalmente è riuscita a sbottonarsi il cappotto, se l'è strappato di dosso e l'ha buttato per terra, ha gridato «Sei uno schifoso incosciente irresponsabile bambino egoista di merda! Dimmi dove cavolo eri!».

Avevo il cuore ghiacciato per come eravamo sempre più brutti e sbilanciati senza per questo riuscire a diventare in bianco e nero; mi è venuto da spingere i nostri rapporti verso un abisso, farli fracassare in mille pezzi al di là di qualunque speranza di rimedio. Ho detto «Ero con una». Ho detto «Mi sono innamorato di una».

Anna si è bloccata a metà, in un'espressione che in altre circostanze avrebbe potuto farmi ridere ma che qui mi ha spinto ancora più abbagliato e assordato verso il precipizio.

Ho detto «Mi sono innamorato di una e tra me e te era tutto finito da un pezzo anche se siamo andati avanti a consumare tempo come se potessimo sopravvivere lo stesso ma il tempo è finito e non ce n'è più!».

Lei ha detto «Chi è? La conosco?», socchiudeva di nuovo gli occhi.

«No» ho detto. Non volevo pause, non volevo prese di respiro o svolte patetiche: la mia vita sentimentale passata era tutta un catalogo di trascinamenti e noia ed esasperazione per non avere avuto il coraggio di essere crudele quando ce ne sarebbe stato bisogno.

«È una cliente nuova?» ha detto Anna, piantata sulle gambe in un atteggiamento da difesa del territorio.

Ho detto «Non l'hai mai vista». Ero seduto dieci scalini più in alto di lei e della nostra vita insieme, invaso di pensieri di Maria Chiara, voglia di essere con lei, paura di farmi trattenere. Ho detto «Per piacere non precipitiamo nel patetico, adesso».

Lei è rimasta ferma nella stessa espressione per ancora un paio di secondi; poi invece di precipitare nel patetico si è slanciata su per la scala come una furia a quattro gambe e otto mani. Ho cercato di alzarmi, ma in ritardo: mi è arrivata addosso e mi ha tempestato di pugni a grandine sulla testa e sulla schiena. Non ho fatto un vero tentativo di difendermi, anche se i suoi erano colpi da donna di cavalli temprata da anni di lavoro duro con bestie forti e ostinate. Preferivo mille volte questo a vederla in un ruolo di vittima spezzata e singhiozzante; era un atto di guerra aperta che volevo.

Il suo ansimare e attaccare e odiarmi era simile agli altri sforzi pratici che aveva fatto con me nel corso degli anni: ero colpito dall'intensa onestà di fondo delle sue ragioni, l'ansia di tornare da Maria Chiara non bastava a cancellarla. Mi sembrava che alla fine fossimo due animali di specie diverse davvero, con codici e linguaggi e motivazioni diverse, travolti da un'ostilità profonda di nemici naturali, confusi dagli strascichi di una convivenza inspiegabilmente pacifica.

Anna è arretrata, ansimante e con tutti i lineamenti in disordine. Ha detto «Non puoi mica andartene quando lo decidi tu!».

«E chi lo dovrebbe decidere, allora?» ho detto, con uno strappo selvaggio solo all'idea che potesse cercare davvero di bloccarmi la strada per tornare da Maria Chiara. Ho detto «Il tribunale dei sentimenti?».

«Certo non tu da solo!» ha gridato lei. Si sollevava leggermente sulle punte dei piedi a ogni scoppio di voce: staccava i talloni da terra spinta in su dalla rab-

bia, con tutti i muscoli del corpo contratti in modo perfettamente solidale. Ha gridato «Certo non così!».
Ha gridato «Certo non come se scendessi da un autobus perché a un certo punto decidi che sei stufo!».
«Ma sono stufo!» ho gridato più forte. «Sono stufo marcio e voglio scendere!»
«Sei un bastardo falso e schifoso!» ha gridato lei.
«E tu ancora più falsa!» ho gridato.
«Mi hai usata finché ti andava bene!» ha gridato lei.
«Non è vero!» ho gridato, più forte per spazzare via i dubbi che potevano venirmi a riguardo. Ho gridato «Non ho mai usato nessuno in vita mia!».
«Bello!» ha gridato lei. «Facile!» Ha gridato «Lui è autonomo e indipendente, si lava le sue cose da solo, si rifà anche l'orlo dei calzoni se c'è bisogno! Così non deve niente a nessuno!».
«Preferiresti uno che ti fa fare la schiava?» ho gridato. «Un marito padrone bastardo dell'Ottocento?».
«Almeno sarebbe più onesto!» ha gridato lei. «Invece di uno che non chiede niente e in cambio non dà nessuna garanzia!»
«Perché, quale genere di garanzia avresti voluto?» ho gridato; e avevo anch'io un desiderio disperato di garanzie, e sapevo che non ce n'erano. Ho gridato «Una garanzia contro l'attrito del tempo e contro le imperfezioni della vita?». Ho gridato «Una garanzia contro l'*infelicità*?».
«Sei bravo con le parole!» ha gridato lei. «Mi sono ammazzata di lavoro per quattro anni come una scema in questo posto di merda!»
«Sei stata tu a volerlo!» ho gridato. «A voler trasformare una cosa leggera in un circuito chiuso di fatica e preoccupazioni e doveri senza scampo!»
«Se non l'avessi fatto sarebbe andato tutto in malora da un pezzo!» ha gridato lei. «Se avessi seguito te e la tua meravigliosa leggerezza!»

«E chi ti ha costretta a farlo?» ho gridato. «Che genere di missione superiore avevi in mente?»

«Facevi una vita allucinante!» ha gridato lei. «Eri come un povero selvaggio che si ostina a usare i mezzi dei poveri selvaggi suoi nonni!»

«Ero come volevo!» ho gridato. «Ed era per quello che ti piacevo!» Ho gridato «Cosa ti ha fatto venire in mente di cambiarmi?».

«Sei stato tu a chiedermelo!» ha gridato lei.

«Io non ti ho mai chiesto niente!» ho gridato. «Io stavo benissimo da solo!» E non era vero: mentre lo dicevo mi è tornato un lampo del senso di mancanza che avevo sentito prima di lei. Ma stavamo cercando di rompere, non di fare una ricostruzione accurata della nostra storia o di stabilire la verità definitiva, ammesso che ce ne fosse una.

«Me l'hai *chiesto*, invece!» ha gridato lei, rossa in faccia e con il corpo come una molla. Potevo sentire la pressione che le montava ancora dentro senza sfogo: avevo paura che le facesse male al cuore o le provocasse qualche lacerazione interna. Ha gridato «Mi hai telefonato e mi hai chiesto se volevo venire qui a vivere e lavorare con te!».

«Ma non certo per cambiarmi!» ho gridato, travolto dall'incongruenza intollerabile dei fatti. Ho gridato «Non certo per farmi diventare una versione più realista e devitalizzata di quello che ero!».

«E allora cos'avrei dovuto fare?» ha gridato lei, con lacrime di rabbia agli occhi, il naso che le colava. Ha gridato «Stare in balìa del tuo carattere instabile e delle tue manie e della tua mancanza totale di praticità?».

Il suo tono aveva una carica di indignazione talmente fondata che non riuscivo più a sostenere nessuna parvenza di lealtà nel nostro scontro. Mi vergognavo della voce con cui cercavo di sovrastare la sua, di come la costringevo al ruolo di chi cerca di salvare la nave mentre io mi prendevo quello di chi si tuffa e se ne va a grandi bracciate; di come sapevo che le ragioni della mia infelicità con lei erano troppo grandi e troppo piccole per poter essere osservate a occhio nudo. L'unica via d'uscita mi sembrava quella di disattivare i miei sensori di fragilità e commozione, diventare del tutto insensibile e ingiusto.

Ho detto «Comunque sei stata tu a intrometterti nella mia vita». Non era così difficile: l'ansia di rompere e di correre a Roma da Maria Chiara continuava a crescermi dentro insieme alla luce del mattino che entrava dalle finestre. Ho detto «Totalmente di tua iniziativa, e con molta insistenza, anche!».

Lei è sembrata sul punto di buttarmisi di nuovo contro o di subire davvero qualche grave danno, aveva le pupille dilatate e i lineamenti che le tremavano senza trovare un punto di assestamento; invece mi ha spinto di lato a testa bassa ed è andata in camera da letto, ha cominciato a buttare fuori tutti i miei vestiti che erano rimasti nei cassetti e nell'armadio.

Mi sono appoggiato allo stipite della porta a guardarla, mi sembrava che la violenza della scena potesse esorcizzare almeno in parte la disperazione di cui eravamo impregnati.

Lei ha continuato a scaraventare le mie cose per aria con soffi e gemiti furiosi di accompagnamento, le faceva volare sul pianerottolo vicino alla valigia.

Ho detto a mezza voce «Non mi servono», tra le magliette stinte e i vecchi golf e i calzoni rattoppati che mi cadevano intorno. Potevo vedere il vuoto appena dietro il pieno e sentire il silenzio appena sotto il rumore, mi spaventavano quanto il tempo che continuava a scorrere veloce appena sotto la mia immobilità.

«Portati via tutto!» ha gridato lei. «O lo butto nella spazzatura!» Ha gridato «Non voglio più vedere niente di tuo qui dentro!».

Ho detto «Fai come vuoi». La mia non era una piccola forma di spavento: era una paura siderale per come i nomi che si danno alle cose scivolano via a un certo punto, le lasciano impossibili da capire.

Anna ha finito di scaraventare fuori i miei vestiti e ha cominciato a fare lo stesso con i miei libri e le mie cassette di musica e tutti gli altri miei oggetti sparsi che trovava. Ha preso le nostre fotografie insieme, inclusa quella attaccata al muro del trekking sui monti della Tolfa, ha scardinato le cornici sottili di legno colorato, le ha strappate a pezzi.

Avevo una sovrapposizione di gesti simili o equivalenti da altre regioni della mia vita, ma non serviva ad attenuare l'effetto di quelli che avevo davanti agli occhi. Mi sembrava tutto un gioco ripetuto e doloroso di cercare e avvicinarsi e chiedere e offrire e prendere e stupirsi e abituarsi e conservare e stancarsi e restituire per ricominciare tutto da capo altrove, dove alla fine quello che era mio tornava a essere mio e quello che era dell'altra persona tornava a essere dell'altra persona e nessuno dei due aveva più niente. Mi è venuto da buttarmi per terra, chiedere scusa ad Anna e a qualunque altra donna che avesse mai offerto o preso o chiesto o dato o conservato o proposto o restituito qualcosa per me.

Invece sono rimasto fermo sul pianerottolo a osservarla mentre buttava all'aria la nostra camera da letto, con una parte di gusto amaro da piromane per come la rabbia sembrava trascinarla oltre la zona delle lacrime e dei possibili ritorni, in un territorio di sentimenti lacerati quanto gli strappi e gli sbattimenti che riempivano il vecchio cottage-baita nel silenzio del mattino.

Ho pensato che mi sarei sentito meglio a non portare via proprio niente; ho lasciato la valigia e sono sceso dalle scale nel rumore delle mie cose che continuavano a volare, non riuscivo a capire come avevo potuto accumularne così tante sempre con l'idea di non possedere niente.

Anna dal piano di sopra ha buttato giù un'anitra di legno che avevo preso in Camerun, una vecchia edizione illustrata di *Robinson Crusoe*, due armoniche a bocca, un berretto di lana nera, una bussola. Cadeva tutto sul pavimento, davanti e dietro e di fianco a me: mi spostavo giusto per non farmi colpire.

«Io vado» ho detto, guardavo in alto.

Dal piano di sopra è volata una statuetta tolteca forse non autentica a cui ero affezionato, si è rotta in due.

Ho detto «Ciao». Pensavo a com'era sgombro invece il momento che avevo lasciato a casa di Maria Chiara, ancora apparentemente intero ed elastico intorno a noi.

Sono volate giù le pizze di un film armeno che avevo distribuito: una delle due scatole di alluminio si è aperta nello schianto, la pellicola è uscita.

«Io vado, Anna» ho detto di nuovo. Andavo verso la porta, ma con una lentezza da sogno guasto. Ho detto «Non c'è più tempo».

È volato giù un mio piccolo ritratto idealizzato a cavallo dipinto da una frequentatrice storica; è volato giù un bicchiere sottile di vetro azzurro comprato a Praga, è andato in mille pezzi.

Ho guardato l'orologio ed erano quasi le sette, la fretta di correre a Roma contro il tempo mi ha travolto con una violenza rinnovata. Ho gridato «Ti saluto». Ho gridato «Devo andare!». Ho gridato «Ciao!».

Anna era scesa a metà della scala, mi fissava senza muoversi. Il suo intero corpo aveva acquisito una qualità primaria, adesso: le braccia e le gambe sembravano più robuste e sicure di come le ricordavo, i capelli ancora più folti, gli occhi scuri e lucidi. Ha preso la mia valigia e senza smettere di guardarmi l'ha scaraventata di sotto.

Sono tornato indietro nello schianto per un riflesso che non riuscivo a capire, verso i miei vestiti sparsi sul pavimento come un campionario desolato di cose passate. Ho raccolto una calza e l'ho osservata a breve distanza, mentre Anna dalla scala mi guardava con una tensione primaria nelle labbra. Ho lasciato ricadere la calza, sono tornato verso la porta e l'ho aperta con uno sforzo, sono uscito.

La luce fuori era molto più intensa di prima, schiariva il paesaggio intorno fino quasi a dissolverlo. Ho attraversato lo spiazzo a testa bassa come se scappassi da uno scenario di guerra, ho aperto la portiera della vecchia Renault, mi sono tuffato al volante. Non avevo nessuna certezza di poterne davvero venire fuori vivo; ho provato a calcolare di nuovo tempi e distanze, ma era un esercizio troppo complesso per il mio stato mentale.

Ho fatto manovra a marcia indietro, ho guardato verso il cottage-baita: Anna era sulla porta, con un'espressione che sembrava contenere il principio di ogni sentimento e il suo esatto contrario.

E ho pensato che forse le ragioni della mia infelicità erano dentro di me anziché fuori; che avevo continuato a disamorarmi di ogni donna e lavoro e storia appena na accennava a perdere la sua magia iniziale solo perché non ero in grado di sostenere una responsabilità adulta né di interpretare in modo positivo i comportamenti evoluti della nostra specie. Ho pensato che forse quella che io chiamavo leggerezza era una forma di superficialità egoista che mi spingeva a scappare invece di affrontare le sfide della vita, e quello che chiamavo peso era la giusta consistenza delle cose. Ho pensato che forse avrei finito per ritrovarmi sempre nella stessa situazione con qualunque donna, passata la fase dello slancio e del divertimento e della scoperta. Ho pensato che in fondo non sapevo quasi niente di Maria Chiara, a parte quello che mi ero immaginato sulla base di impressioni deformate dalla vicinanza e dalla suggestione; ho pensato che forse non era nemmeno libera, e il velo di tristezza che le avevo visto negli occhi nascondeva sentimenti già occupati da chissà chi altro chissà dove. Ho pensato che era vero che Anna era una persona magnifica, e che mi aveva dedicato quattro anni della sua vita con tutta l'energia di cui era capace e che senza di lei il centro di equitazione sarebbe andato in malora da un pezzo e io finito chissà dove. Ho pensato che forse la caduta e tutto quello che era seguito avevano avuto l'effetto di spezzare finalmente la linea della mia immaturità ostinata, farmi guardare intorno per la prima volta come una persona cresciuta. Ho pensato che forse non era più il momento di inseguire e cercare e stupirsi ma di fermarsi e accettare e costruire, uscire dalla provvisorietà effimera e inaffidabile dell'adesso per addentrarsi a passi marcati nel domani.

Ero fermo nella vecchia Renault con il motore acceso, e mi sembrava di essere al punto di svolta più importante della mia vita. Anna non si muoveva dalla porta della club-house, il suo sguardo e la sua figura erano straordinariamente adeguati allo scenario e ai suoi possibili sviluppi. Ho pensato che era uno scenario che avevamo messo insieme noi due chiodo dopo chiodo e pennellata dopo pennellata e giorno dopo giorno e stagione dopo stagione; che ne conoscevo la fatica e lo spessore e la resistenza in ogni angolo minuto. Ho pensato che solo un filo irragionevole mi impediva di tornarci dentro e sentirlo di nuovo mio e restarci: che mi sarebbe bastato spegnere il motore e scendere e andare da Anna, dirle che aveva ragione.

Poi mi è passato attraverso il cuore il senso non spiegabile di ritrovamento quando avevo visto Maria Chiara la prima volta, e il senso di mancanza incolmabile quando se n'era andata attraverso il lungofiume invaso di traffico e di rumore, e il sollievo quando l'avevo vista di nuovo sul ponte, e la sorpresa quando l'avevo guardata nuotare, la completezza stupefacente quando ci eravamo abbracciati nel suo letto senza più un solo millimetro di distanza. E sapevo che era tardi e che forse non sarei più riuscito a trovarla a casa né all'ospedale da sua sorella né da nessun'altra parte, o che forse invece l'avrei trovata ma delusa o cambiata, non più la stessa nella luce cruda del giorno e con il dolore di un'altra vita rifiutata e restituita alle spalle, e ho pensato che tutte queste possibilità negative messe insieme non riuscivano a controbilanciare le possibilità non esplorate e non consumate e ancora piene di promesse del momento che ci aveva contenuti tutti e due.

Ho ingranato la prima e ho girato il volante e sono andato verso il cancello; ho fatto un gesto di saluto ad Anna attraverso il vetro del finestrino, con tutta la riconoscenza e la debolezza e l'inutilità e l'ansia e il rimorso e la noia e la memoria di cui ero capace. Ero già al cancello e già sulla strada per la città, già in corsa folle verso il momento.

N. 0080 36

«Nel momento»
di Andrea De Carlo
Collezione Scrittori italiani

Arnoldo Mondadori Editore S.p.A.

Questo volume è stato stampato nel mese di novembre dell'anno 1999
Presso Mondadori Printing S.p.A.
Stabilimento Nuova Stampa Mondadori - Cles (TN)

Stampato in Italia - Printed in Italy